JN097773

チヨさんの「身売り」

歴史に隠された女性たちの物語

いのうえせつこ

花伝社

チヨさんの「身売り」——歴史に隠された女性たちの物語◆目次

第一章　ウサギと五・一五事件

第二章　戦争と女性の性

第三章　現代の格差と貧困　（監修：吉田正穂弁護士）

はじめに

私には、忘れられない女性がいる。

チヨさんと呼ばれていた子守りさん（住み込みのベビーシッター）である。彼女は、一九三九年に地方都市で生まれた私のために雇われた。

チヨさんは、私が三歳になった頃、突然いなくなった。

私が小学校の高学年になった頃、祖母に「どうして、チヨさんはいなくなったの」と聞くと、

「ああ、チヨさんの父親が来て、妾（めかけ）に売るからと連れて帰ったのよ」


当時、突然姿を消したのはチヨさんだけではなかった。

私が五歳の頃、幼稚園から帰ると飼っていたウサギが消えていた。可愛がっていた「セッコのウサギ」がいなくなったことは、大変なショックだった。

この消えたウサギの行方を追って、二〇二〇年、『ウサギと化学兵器』（花伝社）を上梓した。

ウサギは、日本軍によって食肉や毛皮にと、各家庭から供出させられていたのだった。ウサギだけではなく、犬や猫などのペットも同様だった。しかし、それだけではない。ウサギは、毒ガスなどの化学兵器開発の実験動物とされていたのであった。人よりも早く化学物質を感知するウサギの習性を利用した「警報装置」として、あるいは毒ガス等の動物実験に用いられていたのである。

福島県郡山市に、おそらく日本で唯一のウサギの慰霊碑、「養兎慰霊碑」が建立されている。この慰霊碑の存在を知った、東海林次男著『日本の戦争と動物たち2：戦争に利用された動物たち』（汐文社、二〇一八年）によれば、一九三七年から始まった日中戦争において、ロシア（当時ソ連）国境近くの満州国で日本軍兵士のために多くのウサギが犠牲になったことに由来して、一九三八年四月に建造されたとあり、それ以上のことは書かれていなかった。

二〇一九年に現地を訪れた際に、郡山市中央図書館で読んだ『福島県農業史』には、福島県郡山市は、農業を営む傍らウサギを飼育していた地域であるという記述が見つかった。「養兎慰霊碑」との関連については書かれていなかったが、その身近さが慰霊碑の建立に繋がったのだと考えた。

福島県郡山市の「養兎慰霊碑」について、より詳しいことがわかったのは最近のことである。藤井忠俊著『国防婦人会：日の丸とカッポウ着』（岩波書店、一九八五年）に、その建立の背景を見つけたのである。

そこに書かれていたのは、「ウサギ」と五・一五事件との関係であった。

一九三二年に起こった五・一五事件には、陸・海軍の青年将校だけではなく、橘孝三郎を代表とする東北の農民たちも参加していたという。

一九三〇年代、東北地方は大凶作に見舞われ、農民たちは貧窮した。まさに、「娘の身売り」や「欠食児童」が蔓延るといった世相だった。反面、都会は満州事変の軍需景気で浮き立ち、「東京音頭」が流行していた。

軍需予算は膨れ上がり、国の予算の半分以上が費やされていた。不満を抱えた農民たちに向けて、陸軍は「ウサギの毛皮、四万枚を買い上げる」との通達を出さざるをえなかったということだ。

「十五年戦争」と言われる一九三一年から一九四五年までのアジア太平洋戦争で戦死

していった兵士たちの多くは、貧しい召集兵士であった。戦時下、格差による貧困は人々の生死に直結した。チヨさんの身に降りかかった「身売り」も、その一つであろう。

二〇二一年現在、新型コロナウィルス感染拡大によるコロナ禍においても、女性や子どもなど、弱い立場にある人々に貧困が襲いかかっている。非正規労働者が働く人全体の約四割を占めるようになったのは安倍前政権下であったが、その失政に追い打ちをかけるように、今日の貧富の差はますます拡大している。

朝日新聞が二〇二〇年七月に行ったアンケートでは、元々所得の低かった人ほどコロナ禍の影響による減収幅が大きく、生活が急激に悪化している点が特徴的であった。子育て中の年収四〇〇万円以下の世帯では減収した人が七割、年収二〇〇万円未満の世帯に限ると、三割の世帯で収入が五割以上減っていた。一方、年収六〇〇万円以上の世帯は、約六割が「変わらない・増えた」と回答し、五割以上減収したのは二・五％であった（二〇二〇年七月五日付『朝日新聞』）。

本書では、『ウサギと化学兵器』に続くウサギと五・一五事件の謎も紐解きつつ、チヨさんに思いを馳せて、現代社会における「娘の身売り」とその背景を明らかにしたい。

第一章　ウサギと五・一五事件

養兎慰霊碑

二〇二〇年、私は『ウサギと化学兵器』を上梓した。
私が五歳だったアジア太平洋戦争末期の一九四四年、「セッコのウサギ」と名付けて飼っていた一羽のウサギが、ある朝突然姿を消した。母親は、「水のついた草を食べたので、死んでしまったのよ」と、私を抱きしめて話した。
消えたウサギの真相が解明したのは、一九九八年に上梓した『女子挺身隊の記録』（新評論）の取材中のことであった。

「良い子はウサギを飼いましょう
肉は、良い子の給食に
毛皮は、兵隊さんの洋服に」

と書かれた、当時の新聞記事を見つけたのだ。こうして、私は「セッコのウサギ」の行方を辿る旅に出たのである。

旅のなかで、ウサギは食料や軍服だけでなく、化学兵器の実験にも使われていたことが明らかになった。その事実を追って訪ねたのが、瀬戸内海に浮かぶ広島県大久野島である。一周約四キロ、面積約七〇ヘクタールのこの島は、旧陸軍によって第一次世界大戦直後から毒ガス兵器製造の舞台となった。大久野島は「ウサギの島」とも呼ばれ、今でも約七〇〇羽の穴ウサギが生息している。

この島に日本陸軍が毒ガス製造工場を建設したのは一九二七年のことであった。以後、敗戦を迎えるまでの一八年間にわたって工場は稼働を続けた。その現場で実験動物として使われていたのが、ウサギである。行武正刀著『一人ひとりの大久野島：毒ガス工場からの証言』（ドメス出版、二〇一二年）には、以下のような大久野島毒ガス工場工員の証言がある。

「小鳥は毒ガス探知用に工場へ配布され、兎はガラス張りの実験室で毒ガスのテストにされる犠牲動物」（九七頁）

あるいは、『日本の戦争と動物たち2：戦争に利用された動物たち』でも大久野島におけるウサギを用いた化学兵器実験について言及されている。

「つくった毒ガスが、まちがいなく効果があるかどうか調べるためにウサギがつかわれていたのです。
毒ガスが液体の段階で、ウサギの毛をそり、肌にぬって確かめました。
つぎにウサギや小鳥を入れたガラスの箱にガス（気体）を入れ、どのくらいの時間でどのような影響が出るのかを調べました」（二六頁）

こうして実験に使われたウサギは、「セッコのウサギ」と同じ、日本白色種であったという。

なお、拙著『ウサギと化学兵器』では、日本海軍による神奈川県寒川町での化学兵器製造の様子のほか、大久野島で製造された化学兵器が中国大陸に運ばれ、遺棄されていたことについてもまとめた。戦後七〇年以上が経った現在も、日本軍が中国大陸で遺棄した化学兵器によって、現地では多くの人が死傷している。「戦争はまだ終わっていない」と感じた旅となった。

旅の最後、私は全国で唯一と思われるウサギの慰霊碑を、福島県郡山市の麓山公園に訪ねた。

「養兎慰霊碑」と刻まれた三メートル以上もある碑には、「昭和十三年四月」と刻まれていた。「昭和十三年」（一九三八年）といえば、まだ太平洋戦争は始まっていない。「セッコのウサギ」が供出される六年前になる。

全国的な皮革不足のなか、軍需省化学局長と厚生省衛生局長の連名による通牒「犬原皮増産確保並狂犬病根絶対策要綱」が全国の地方長官（知事）へと通達されたのは、一九四四年のことであった。食糧不足に加え、空襲も激しくなっており、飼い犬が野良化すること、さらには狂犬病が流行ることを恐れた当局による通知であった。

これにより、軍用犬・警察犬や登録されている猟犬、天然記念物の指定をうけた日本犬を除いた畜犬は、献納もしくは供出買上することになったという（西田　二〇一六）。

ウサギについては、成長が早く、飼育も簡単であり、毛皮は兵隊用の防寒着として、肉は食糧として利用価値が高いため、昭和のはじめ頃から飼育が奨励されたが、「セッコのウサギ」が供出されたのは、一九四三年からの皮革のさらなる不足による、このペット「献納運動」の一環であっただろうと思われる。

つまり、ウサギをはじめとしたペット類の供出が全国的に奨励されるよりも前に、福島県郡山市では日本で唯一のウサギの慰霊碑が建立されていたことになる。一体、なぜなのか。

『ウサギと化学兵器』内では、この疑問が解消されることはなかった。しかし、『ウサギと化学兵器』の出版から一年以上が経ってから、私は一冊の本からその理由の一端を知ることとなった。

藤井忠俊著『国防婦人会：日の丸とカッポウ着』（岩波書店、一九八五年）において、ウサギの慰霊碑が東北地方に建てられた理由について、ある推察が書かれていた。藤井は、一九三二年に起こった五・一五事件と東北地方の大凶作に関係があったのではないかという。

以下、小川（二〇二〇）や保阪（二〇〇九）などを参考に、まずはウサギと五・一五事件を追いかけてみたい。また、当時の世相についても、『東京朝日新聞』（復刻版）をはじめとする様々な資料から探ってみた。

五・一五事件

五・一五事件とは、一九三二年五月一五日日曜日夕刻、首相官邸に青年将校などが押し入り、犬養毅内閣総理大臣を殺害した事件である。

日曜日にもかかわらず、犬養総理が官邸にいたのは、世界的に有名な喜劇俳優のチャップリンとの面会予定があったからだともいわれているが、犬養首相はそもそも官邸住まいであった。

事件時、押し入った青年将校らと犬養総理との間で交わされた、

「話せばわかる」

「問答無用!」

のやりとりは有名である。

首相官邸で一緒に暮らしていた孫の犬養道子は、著書『花々と星々と』(中央公論社、一九七四年)において、混乱の発端は、中国との関係を政治で解決しようとしていた犬養内閣と、武力による支配で解決しようとした軍部との軋轢であったと書いている。

道子は次のように述べている。

「これは、政党政治議会主義が終り日本国がまちがいようもなく、軍独奏の軌道の上に乗せられた、最初の朝の色であった」（一一七頁）

テロともいえる五・一五事件の背景は、当時の社会情勢を抜きには語れない。

五・一五事件からさかのぼること三年、第一次世界大戦後の一九二九年、ニューヨークの株式相場が大暴落し、世界恐慌が巻き起こった。翌年には、日本も昭和恐慌と呼ばれる大不況に陥る。企業の倒産で失業者が増加し、小津安二郎監督の映画『大学は出たけれど』で描かれたように、大学・高専卒でも就職口がなく、特に文系大学生の就職率は三八％にまで落ち込んだ（大阪府中等学校校外教護聯盟　一九三四）。

しかし、都市部以上にその影響が強かったのが、農村である。日本の近代化に貢献した生糸産業だが、生糸価格が不況のあおりをうけて暴落し、農村地域に大打撃を与えた。そして国内市場の縮小と共に、農産物価格も連動して大暴落したのである。これにより一九三〇年には、米自体は豊作であるにもかかわらず、農村部を飢餓が襲う。とくに東北地方の農村では、娘の身売りや欠食児童の発生が日常茶飯事であった。小作争議は年々増加し、一九三〇年代に頂点に達する。昭和恐慌が農業恐慌とも呼ばれる所以である。

一方、財閥の資産は増大した。昭和恐慌まで一九〇七年からおよそ一〇年間続いた長い不況期、大正初期の重化学工業勃興景気を背景に株式市場の活況を活用して、大きく値下がりした競争相手の株式を買い集めて経営権を握ることで、三菱、住友、三井、安田などの財閥が確固たる地位を築き、多くの資産家が誕生した。

このような経済格差に加えて、五・一五事件には、一九三〇年のロンドン海軍軍縮条約締結も関係していた。ロンドン海軍軍縮会議とは、第一次世界大戦後の列国の海軍補助艦の削減を決めたものである。一九二二年にワシントン海軍軍縮条約が締結されて主力艦の保有量が制限された後、各国が競って高性能の巡洋艦を造るようになったことから、これを制限するために制定された。当時首相の浜口雄幸は緊縮財政によってデフレを乗り切ろうと、軍縮によって浮いた金で国民の負担を軽くしようとしたが、対米協調路線を軟弱外交とみる立憲政友会や軍の一部はこれを不満とした。この問題はのちに統帥権干犯問題にも発展していく。

しかしここで取り上げたいのは、五・一五事件に、陸海軍の青年将校だけではなく、民間人も参加していたということである。民間人からの参加者として、金銭などを提供していたとされる大川周明（思想家・一八八六～一九五七年）などが挙げられるが、見落とせないのは、茨城県水戸市で「農本主義」を掲げた橘孝三郎（一八九三～一九七四年）と、橘を塾長とした愛郷塾に集まった塾生たちである。

もう一つの五・一五事件

橘孝三郎は、茨城県東茨城郡常磐村（現・茨城県水戸市）に生まれた。県立水戸中学（現・水戸第一高等学校）を卒業して第一高等学校（現・東京大学）に進学するものの、中途退学して故郷の水戸に戻り、愛郷塾と称する青年向けの塾を誕生させる。

橘は、大杉栄や石川三四郎、クロポトキンなどのアナキズムに傾倒していたが、農業の実践については塾生の青年たちを師匠として、橘と子弟たちに上下関係はなかったという。

五・一五事件のなかで橘らが計画したのは、東京の変電所を爆破することだった。保阪（二〇〇九）は、次のような橘の言葉を紹介している。

「そうだ、東京を暗くするんだ。二時間か三時間、東京を暗くするのだ。そうすれば、東京の人々は考えるかもしれない。『自分たちがあたりまえと思っていることが、当たり前ではない』ということに気づくかもしれない」

東日本大震災の折の東京電力第一原子力発電所崩壊と、関東一円の停電騒ぎが思い起こされる言葉である。

塾生のうち実行部隊の青年六人が「農民決死隊」として六か所の変電所を襲い、手榴弾を投げたが、爆発した二か所も停電には至らず、橘と塾生らが計画した変電所爆破は、実際には未遂に終わった（宇根　二〇〇六）。

橘らの計画は失敗したものの、五・一五が軍人のみによる単なるクーデターではなかったことの証左として十分であり、犬養毅の後を継いだ齋藤實内閣は、「農村救済」を第一に掲げることとなった。農村には「国防寄金」として、軍部から多額の税金が課されていたこともあり、陸軍が「兎毛四万枚を買い上げる」事が決定されたのである。

ウサギのエサなら、田畑のあぜ道の草で間に合う。陸軍がウサギの皮を買い取ってくれれば、残った肉は食糧になる。こうして、五・一五事件は、東北の農村部にウサギを広める契機となったのである。

逃亡先で捕まった橘と塾生たちは、五・一五に参加した軍人らとは別に、東京地方裁判所での裁判を受けることとなる。塾生たちは「自らの意志である」と主張したという。橘孝三郎には刑法犯（爆発物取締罰則違反、殺人及び殺人未遂）として、無期懲役の判決が下った（一九四〇年に出所）。なお、日本軍刑法における反乱罪として起訴された軍人らは、最長でも禁固一〇年という判決であった。

判決の違いはなぜ生じたのか。当時、農村向けに発行されていた産業組合（現在のJA）の月刊誌『家の光』や当時の新聞から、より詳しく見ていこう。

瓶詰めの小指

月刊雑誌『家の光』が発刊されたのは、一九二九年である。それまでの機関誌『月刊産業組合』の内容改善版として創刊された。

第一次世界大戦後の経済不況のなか産業組合も疲弊し、一九一七年から一九一九年までに五六二一の産業組合が解散した。このため、産業組合の再建のためにも、組合員を主体とした産業組合運動を通じての農村復興が急務とされた。そこで、一般職員のための雑誌『産業組合』とは別の機関誌が求められたのである。

当時の日本は大衆社会時代を迎えて、一九二三年には、『大阪毎日新聞』や『大阪朝日新聞』が読者一〇〇万部、一九二五年には、大日本雄弁会（現・講談社）の月刊誌『キング』が創刊、七三万部が発行されたほか、東京放送局（現・ＮＨＫ）が開局されて、放送も開始された。産業組合でも、機関誌『産業組合』の内容が硬すぎるのではないかということになり、組合員向きの家庭雑誌を目指すことになった。

産業組合連合会発行の『家の光』はこうして誕生した。

発行部数については、一九三一年一月号が一〇万部、一九四四年一月号では一五〇万部、戦後では一九五一年（昭和三六年）一月号が一八〇万部である（以上、資料提供‥一般社団法人「家の光」協会）。

『家の光』では、五・一五事件をどのように扱っているのだろうか。

一九三三年一〇月号には、「五・一五事件の公判印象記」と題して、裁判の記録が掲

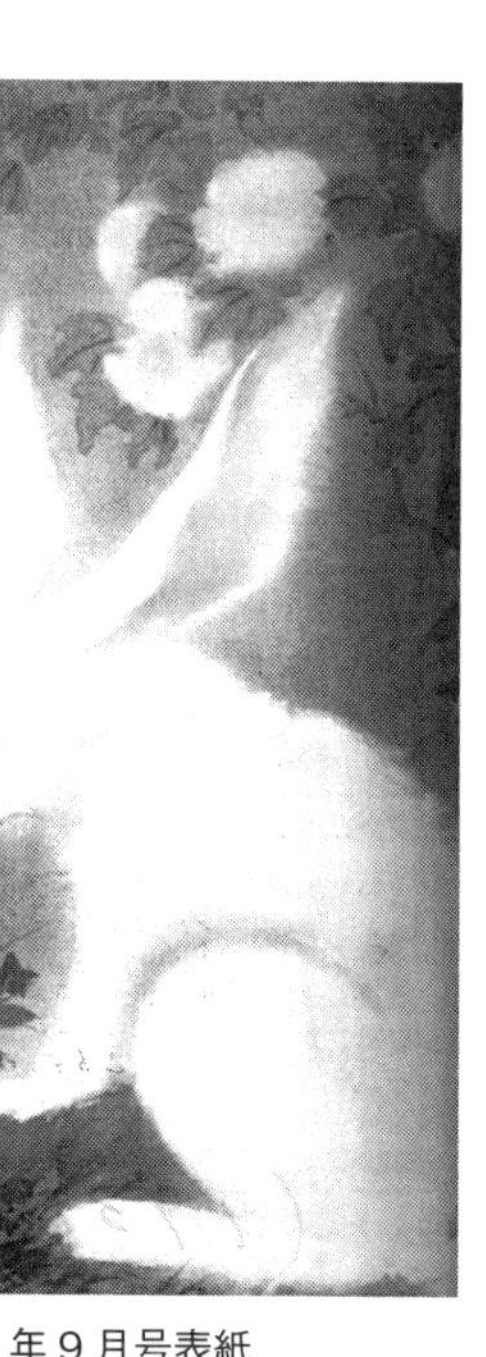

『家の光』1931年9月号表紙

載されている。「法廷を泣かした弁護人の朗読」という見出しの、陸軍側の公判記から始まる。読み始めて驚いたが、内閣総理大臣暗殺事件を扱う裁判であるにもかかわらず、公判中の被告に対して、裁判官が「麦茶を飲め」とか、「汗を拭け」「姿勢を崩してもいいぞ」「病気だというが、体は大丈夫か」と声を掛けるなど、「溢るるばかりの温情を示して」いる様が綴られている。

さらに、西村裁判長が公判前に裁判官一同を引き連れて明治神宮に祈願した（！）ことまで書かれている。『東京日日新聞』では、被告の軍人の呼称に「○○君」と君を使っており、「一般から好感を持たれている」とも紹介されている。

「求刑の日は十九日。八名の陸軍の被告人たちは、小指をアルコール入りの瓶詰めにして裁判長に差し出した」

という一文にも驚いた。五・一五事件が、国を軍部主導の政治へとグロテスクに導いたことが、『家の光』の記録からもうかがえる。

続けて、「襟を正しむる被告の心境」という見出しで、海軍側公判記が始まる。海軍側の公判は、陸軍、民間側のトップを切って、横須賀鎮守府での軍法会議で行われた。

被告は十人。「昭和維新」を掲げて、首相官邸に突入し犬養首相を射殺した他に、牧野内府邸、政友会本部、警視庁、日本銀行を襲撃して手榴弾を投げ、ピストルを乱射したため、反乱罪、反乱予備罪の罪に問われた。

中心人物の古賀中尉への尋問は、三日間にわたった。尋問中、古賀中尉は、「死しては七度、生まれ変わり、国恩に報ぜん決心であります」と答え、最後にその心境は「明治維新の志士、橘曙覧の詠んだ歌――吹く風の目にこそ見えぬ神神は天地にかむつまります。これが、私の心境です」と、きっぱり答えたと、記されている。

以上の記事を読む限り、『家の光』は、五・一五事件を「なるべくしてなった」事件として記録しているとしか思えないという印象であった。

『家の光』同号では、陸軍中尉の堀内紋次郎が「公判記録を読んで　青年に警告す」という題で寄稿している。

「（略）この珍事の原因は、数個あるが、要するにわが国土の腐敗、ことに、既成政党の堕落がその最大原因をなしていることは、何人も容易に頷けるのである。（略）立憲政治とはこんなものかと、国民は疑いを抱き始めた（略）」

五・一五事件は、立憲政治の腐敗から来ているのだとはっきりと述べている。続く名士回答による「五・一五事件をどう感じるか」という見出しにおいても、次のように述べる。

「国民全体が、選挙権行使の重要さを自覚し、宣伝や買収に迷わされず（略）農村青年は、つねに大地を踏みしめ健全なる体格を持ち……（略）」

ここでも、立憲政治よりも天皇を主体とした軍事政権への移行を感じさせる様子がうかがえる。

五・一五事件は、一般紙においてはどのように報じられたのだろうか。当時の『東京朝日新聞』を追ってみたい。

一九三二年五月一五日付の号外記事には、次のような言葉が並ぶ。「犬養首相狙撃され　頭部に命中し重態」「壮漢隊伍を組み襲撃　ピストル手りう弾を以て　陸海軍制服の軍人等」、「官邸に本間に侵入　我勝ちに首相へ発砲　二弾命中、すこぶる重態」、「一味十八名憲兵隊に自首」、「全閣僚首相官邸に参集」、「警視庁にも投弾爆発」、「日銀も襲撃さる」、「臨時首相代理設置か」……。

翌五月一六日の一面では、「組織的大陰謀!」、「各方面襲撃の真相　相官邸、内府邸、警視庁、日銀、三菱銀行、政友会本部」、「判明せる犯人」、「血盟団の延長と見る　警視庁検挙に着手」などの言葉が並ぶ。血盟団とは、一九三二年二、三月に連続テロ（政治暗殺）である「血盟団事件」を首謀したとされる右翼集団である。

五・一五事件の犯人については、次のような記述がある。

「（略）判明せる事件関係者は十七名である。その内訳は、陸軍士官学校生徒士官候補

生　○○○等十名と、海軍鎮守府並び連続航空隊所属で上京した海軍将校○○、○○、○○、○○の各中尉の他、二名である。（略）」（○○は、伏字）

田端変電所など他三か所の「変電所襲撃」があったことについては、同じ記事の下段に触れられたのみであった。なお、五月二〇日には、前日の犬養前首相の葬儀の模様が報じられた。

九月一二日に行われた海軍の軍法会議における求刑については、九月一二日の一面で、「古賀以下三名死刑」、「三名に無期を求刑」、「伊東等は六年と三年」と見出しが並び、山本検察官の論告、「赤穂義士断罪を引き　国法の守護を叫ぶ　断然暴力行為を排する」が引かれている。動機については、「いわゆる政党財閥及び特権階級の腐敗」と「農村の窮状」が挙げられている。

判決の出た一一月一九日は号外記事となった。

「全被告求刑より軽く
古賀三上は十五年

伊東等四名は執行猶予
五・一五海軍側判決下る

判決
禁固十五年（死刑・反逆罪）古賀　清志
禁固十五年（死刑・反逆罪）三上　卓
禁固十三年（死刑・反逆罪）黒岩　勇
禁固十年（無期禁固・反逆罪）中村　義雄
山岸　宏
村山　格之
禁固二年　五年間執行猶予（無期六年　反逆罪）伊東　龜城
禁固二年　五年間執行猶予（禁固六年、反乱予備罪）大庭　春雄
禁固二年　五年間執行猶予（禁固六年　反乱予備罪）林　正義
禁固一年　二年間執行猶予（禁固二年　反乱予備罪）塚野　義雄」

求刑から減刑された理由として、「行為は重大だが、憂国の情を認む」とある。翌日の紙面には、「動機は諒とするも、軍起○乱重し」とある。驚くべき温情判決ではないか。

九月一二日の求刑から、一一月一九日の判決まで、何が起こったのだろうか。時を巻き戻して、九月一五日付記事には、「論告反対の運動　全国級友に展開　呉、佐世保に飛激」とあり、世論に大きな動きがあったことが読み取れる。

記事は、「海軍　相野村長官と　重要懇談遂ぐ　級友会の情勢と処置」と続き、「眠れる国民を揺り動かしたもの」として、海軍側の弁論要旨が掲載されている。

次いで九月一八日付の紙面には、「求刑と級友の弁護に　全国の視聴集る　五・一五事件海軍公判きょう○○論告　物々しい空気　緊張した前日の協議」とあり、「特別傍聴席増設」についても報じている。

九月一九日付朝刊には、「同期生を代表して　特別弁護人起つ」として、「政界腐敗、外交軟弱を論じ、被告の真意を明かにす」とある。求刑の日まで、彼らが「世直し」のために立ち上がったかの如くの主張が展開されてきたことがわかる。また、新聞読者である国民も、青年将校たちの「昭和維新」に賛同し、ある種の熱気を抱いていたのかもしれない。

判決当日の紙面では、判決の前日に高須裁判長が明治神宮に参拝したことを報じる記事、「海軍側あす判断罪を胸に秘めて明治神宮参拝」も掲載されている。

二〇代や三〇代の青年将校たちが起こした五・一五事件は、不況の混乱にあった多くの国民を、確実に軍部主導の政治へと追いやったといえるが、その裏には、当時の新聞をはじめとするマスコミによる被告人らの英雄的扱いがあったのではないだろうか。

特に、判決当日の朝、陸軍の青年将校たちが小指を切ってアルコール漬けにした瓶を裁判長に差し出したという報道は、一般大衆からの同情を大いにかったと思われる。

保阪（二〇〇九）も「ひとりの婦人が『裁判長さま、どうぞこの青年たちに温かい判決を……』と訴えた事実を充分に考えなければならないと思う」（四五六頁）といった状況を記しているが、マスコミが世論を煽ったことは確かである。

彼らの減刑を求める嘆願書は、陸海軍からだけではなく、一般大衆からも寄せられた。その数は、一説には一一四万八〇〇〇通と言われているが、内訳は国家主義団体や在郷軍人関係団体、その他とされている。大衆の一部には、犬養首相らを殺害したことに対する怒りの声もあっただろうが、『東京朝日新聞』の紙面上からはうかがえない。

同時期、政友会などの汚職に代表される腐敗で短期政権が繰り返さなければ、あるいは、農村、特に東北地方の凶作による「娘の身売り」「欠食児童」などの社会情勢が変わっていれば、求刑通りの死刑判決が下り、その後の軍国主義への流れも変わっていたかもしれないとの指摘もある（渡部　二〇一五）。

次に、五・一五事件に関わった民間人について、より詳しく見ていこう。

橘孝三郎と愛郷塾

五・一五事件には軍の青年将校たちだけではなく、民間人も参加したことは前述の通りである。ここでは、民間人である橘孝三郎と、橘が主催する愛郷塾の塾生の青年たちが五・一五事件に参加した背景を探る。

橘孝三郎は、第一高等学校を中退後、故郷の茨城県に戻り、愛郷塾を誕生させる。塾で説いた教えの基本となったのが、農本主義である。簡単に言えば、国の基本は農業であり、農業なくして国はありえないという考え方である。古くは封建社会の矛盾を反映して出現したもので、江戸時代では安藤昌益や二宮尊徳らが、農民の窮乏をいかに救済するかという発想からこれを唱えた。

橘は農本主義を国家改造運動と結び付けて展開し、資本主義の中央集権を排し、政治組織は農村を中心とする自治制にすること、すなわち農業協同組合の結成と、それを日本の国是とする政策を主張した。

橘が故郷の茨城県で愛郷塾を立ち上げたのは、一九三一年五月のことであった。愛郷塾はオーエンのニューハーモニーや武者小路実篤の「新しき村」を理念に掲げていたとされるが、当時は東北地方大凶作の時代で、農民は小作と呼ばれる、自分の田畑を持たない者がほとんどだった。

そんな時代に農業を基本とする国づくりを目指した橘の下には、政治家の風見章（一八八六〜一九六一年）をはじめとする人々が集った。風見からは資金援助も受けていたという。五・一五事件を起こした海軍の古賀清志や三上卓などの青年将校らもその一人であり、橘は陸軍にも講演を依頼されるようになる。

橘と子弟関係を結ぶまでの関係となった古賀など青年将校らとの交流が、橘と塾生たちを五・一五事件に巻き込んでいったのだろう。いずれにしても、前述の通り橘らによる変電所襲撃は失敗に終わり、橘による農本主義社会を実現するための革命もここで挫折している（橘は一九四〇年、恩赦により出獄し、戦後は活動を再開している）。

五・一五事件に対する橘らの裁判は一九三三年九月から七日間、計三〇時間にもわたって開かれた。橘と愛郷塾の塾生たちは、拘留中、それぞれに書籍を読んだりして、勉学に励んだという。裁判中、橘は四〇〇字詰の原稿用紙三〇〇枚分にものぼる上申書を書いている。また、弁護人や茨城県民からも嘆願書が提出されたほか、塾生たちへの差し入れも行われている。

公判中、橘は「農業と農民は〝まごころ〟で結ばれたもので、これが資本主義的経済関係に隷属されているのには我慢できなかった」と述べ、軍人についても「理論ではない。彼らはまじめで純粋であった」と述べており、その際、法廷は涙、涙になったという。特に、「農村婦人がいかに苦しんでいるか」との陳述は、多くの傍聴者の涙を誘った。

しかし、一〇月三〇日の求刑は、以下の通り厳しいものであった。

「被告人らの行為が憂国の至情より出でたることはこれを認むるが、その執りたる手段は不当不法にして之に対しては国法の定むる処に依り重き責任を負わねばならない」

そして一九三四年一二月三日、次のような判決（カッコ内は求刑）が下された。

橘孝三郎、無期懲役（同）
後藤圀彦、懲役一五年（同）
林正三、懲役一二年（同）
矢吹正吾、懲役一〇年（同）
横須賀喜久雄、懲役一〇年（同）
橘五百枝、懲役七年（懲役八年）
大貫明幹、懲役七年（懲役一〇年）
小室力也、懲役五年（懲役七年）
春田信義、懲役三年六か月（懲役七年）
奥田英夫、懲役一二年（懲役一五年）
池松武志、懲役一五年
高根沢与一、懲役三年六か月（懲役七年）

杉浦孝、懲役三年六か月（懲役七年）
堀川英雄、懲役八年（懲役一二年）
照召操、懲役五年（懲役一〇年）
黒沢金吉、懲役五年（懲役一〇年）
川崎長光、懲役一二年（無期懲役）
大川周明、懲役五年（同）
頭山秀二、懲役八年（懲役一〇年）
本間憲一朗、懲役一〇年（同）

この判決を受けて弁護人から減刑を求めるよう上告を勧められた橘が、「橘孝三郎は男でござる。そんなまねはできない」と答えた話は有名である。

しかし、同じく裁判にかけられた青年将校らへの情状酌量を考えると、あまりに重い判決である。軍人と比べて民間人への判決が重くなった理由の一端を、当時の社会背景から考えてみたい。

もの言えぬ時代と赤狩り

五・一五の一年前、関東軍が南満州鉄道の線路を爆破した柳条湖事件を契機として、日中戦争が始まっている。犬養毅はその後一九三二年に日本軍が建国した満州国の承認に反対し、貿易中心の経済協調路線を掲げていたことから軍部の反発をかったとされる。しかし、犬養自身、満州事変そのものには反対しておらず、当時から防衛のための軍需予算は増大していた。

戦争に反対する国民を「(共産)主義者」と呼んで、非国民扱いをする、いわゆる「赤狩り」もこの時期から始まった。「もの言えぬ時代」の到来である。

一九三三年二月には、小説『蟹工船』を書いた作家・小林多喜二が逮捕されて拷問の末に獄死している。なお、五・一五事件から六年後には国家総動員法が制定されて、いよいよ国家による大々的な国民統制が進められていく。

赤狩りといえば、一九三二年から翌年にかけて、裁判所の判事・書記などが共産主義活動に関与したとされて次々と逮捕された事件を指して、「司法官赤化事件」という。

一九三三年、『東京朝日新聞』が一一月二九日付で「赤化判事また現る」という見出しの号外を出している。「驚くべし一味」、「東京、長崎、札幌、鶴岡から　暗躍の魔手を刈る」などの言葉が並んでいる。これは、共産党員と思しき六名の判事や検事「一味」を逮捕したという記事である。

こうした「赤化事件」は、教員に対する弾圧ともなった。こちらは、「教員赤化事件」と呼ばれる。

一九三〇年結成の新興教育研究所（のちに新興教育同盟準備会）や日本教育労働者組合（のちに日本労働組合全国協議会日本一般使用人組合の教育労働部）などに関係した教員が、「赤化教員」として次々と弾圧されたのである。こうした教員赤化事件としては、一九三二年の東京府市二十数校での教員検挙事件と、翌年の長野県六五校での教員検挙が有名である。この、長野県での教員赤化事件を詳しく見てみよう。

当時の長野県は、東北地方と同じく、凶作に悩む地域であった。一方、「教育県」とも呼ばれ、ここでも教師たちが「赤化」した教育をしているとされたのである。

私がこの長野の赤化事件を知ったのは、二〇一七年、長野県上田市の安楽寺において、山本宣治（一八八九〜一九二九年）を偲ぶ「山宣碑前祭」に参加した時のことであった。

山本は、一九二九年に暗殺された衆議院議員である。一九二八年に労農党から当選、一九二五年に制定された治安維持法と官憲の拷問を議会で追及した。

式典が終わり、懇親会の席上で、私は以前からの疑問を口にした。『女子挺身隊の記録』の取材の折、長野県からの女子挺身隊への志願者が他県に比べて多いことが気になっていたのだった。

取材した女性たちのうち、志願して女子挺身隊となった者は、沖縄、東北地方、そして長野県に多かった。沖縄と東北地方からは、貧しさゆえの志願であった。一方、長野県からは、女学校卒業後に志願している者が目立った。当時は小学校か高等小学校を卒業するのみの者が多かったなかで、女学校へ進学できるのは、ほんの一部の中流家庭以上の子女であった。彼女たちは愛知県の豊川海軍工廠で働いたのだが、沖縄や東北地方と比べれば、その志願理由に貧しさの影は薄い。

その後、男子の特攻隊員への志願者も長野県からの者が多いことがわかり、疑問に思っていた。

山本宣治を偲ぶ会の懇親会場で隣に座っておられた男性が、これらの疑問に答えてくれた。

「ああ、それは教員赤化事件があったからですよ」
「僕の兄も、特攻隊に行きました」

帰宅後、長野県での教員赤化事件について調べてみた。

一九三三年、長野県の教職員等六〇八人（そのうち、教員二三〇人）が摘発され、七四人（うち、教員二九人）が起訴された。その他、共産党員や農民・労働者なども検挙された。

この事件後、長野県では国策に従うようにとの指導がなされ、満州へも長野県から大挙して移民することとなった。ここでは「村ぐるみ」の開拓団も結成されて、戦後、一人も帰国できなかった村もあった。女子挺身隊や特攻隊への志願も、同じ誘導があったのだろう。

一九四〇年、ほとんどすべての政党が自発的に解散し合流した大政翼賛会が設置された際も、長野県はその結集率において全国第一位であったという。

山本宣治が身を挺して反対を貫いた治安維持法は、五・一五にさかのぼること七年、一九二五年に制定された。国体の護持のため、表現の自由や結社の自由を制限した法律である。その後、一九二八年には国体の変革を目的とした結社を禁ずる法改正（最高刑は死刑）などを経て、国策に反対する共産党員などを取り締まる暗黒時代が到来することとなった。

山本宣治は、この治安維持法が国会へ出された際、少数派の無産階級の一人として反対した。山本は一九二九年三月四日、全国農民組合大会で演説し、翌日には国会で論陣を張ることが予定されていたが、東京旧神田区神保町の旅館に滞在中、右翼の暴漢によって殺害された。二〇一九年、山本殺害の現場となった千代田区神保町の地に、東京山宣会によってプレートが建立されている。

山本の生まれ育った京都府の宇治市には、彼の死後に建てられた墓碑（これは長年墓ではなく記念碑であるとして数年間許可が出されなかった）が建立されている。そこには、次のような碑文が刻まれている。

「山宣ひとり孤塁を守る
だが私は淋しくない

背後には大衆が支持してゐるから」

山本の生家である割烹旅館「花やしき浮舟園」に宿泊した折、この墓碑の文字が「戦争中は隠されていた」ことを聞いた。遺族は第二次世界大戦敗戦まで警察の干渉に悩まされた。碑文についても文句を付けられ、セメントで塗り潰すよう命じられたのだという。

なお、山本が妻と従妹関係にあたる劇作家の高倉テル（一八九一～一九八六年）に依頼されて講演に訪れた関係から、高倉テルの碑も山本の墓碑と並んで建立されている。高倉も、長野県の教員赤化事件で逮捕された一人である。

以上、橘孝三郎ら民間人と青年将校らへの判決の違いにも明らかであった当時の社会情勢について、ご理解いただけたかと思う。

東北の凶作・飢饉

大恐慌が起こった一九二九年ごろから、二・二六事件が起こった一九三六年頃まで、エロ（煽情的）・グロ（怪奇的）・ナンセンス（ばかばかしい）をテーマとする本・雑誌・新聞記事・楽曲が流行し、どこか自暴自棄ともいえる風潮が日本を覆っていた。これらは戦時体制に突入するとともに軒並み発禁処分を受けて終焉を迎えるが、先行きの見えない時代にあって、都会に集まった学生や労働者が刺激の強い娯楽を求めていたことは間違いない。こうしたなかで、共産党員なら殺してもいいのだという体制側の価値観が受け入れられていったのだろう。

一方、五・一五事件の背景ともなった、東北地方を中心とした凶作と、貧窮に喘ぐ農民らの暮らしはどうであったか。

まずは、昭和恐慌の影響を考えたい。一九三〇年からの昭和恐慌は、米と繭を機軸とする日本農業にも甚大な打撃を加えた。小作農はもちろんのこと、自作農までを含む約五六〇万戸におよぶ全農民の経営と生活の再生産条件を破綻させたという。

また、同時期の東北地方は大災害の連続で、一九三一年と一九三四年は凶作・飢饉におそわれ、その間の一九三三年には三陸大地震・大津波にみまわれている。

一九三三年、米は大豊作であった。しかし、同年成立の米穀統制法により、公定価格による政府買上げ、飯米の売り払いとなり、一九三四年五月頃には飯米不足が予想された。米の購入者・消費者でもある農家のための米が不足するという意味である。この東北の凶作・飢饉は、日本史上初といわれる「豊作飢饉」であったのだ。

たとえば、この事態を一九三四年六月二四日付『時事新報』は「東北、北海道地方の飯米飢饉深化す」と題して次のように報じた。

「本年は農家にとつて頗る有利な公定価格による政府買上げがあつたゝめ、我勝ちに飯米に至るまで売り払つた農家が非常に多く、この結果東北地方の如く農〔豊ヵ〕作年には想像し得ない飯米飢饉が襲来するに至つたものであり、而も最近の米価高はこれ等の農村に飯米購入すら妨げ、我等に米を与へよといふ悲痛な叫びが随所に揚つてゐる。」

さらに、朝鮮や台湾などの植民地米の大量移入も問題となり、ここに、長期的な米をめぐる供給と需要の矛盾が噴出した。「東北飢饉」では、単なる凶作だけではなく、市場に出回る米の激減と米価の高値基調も相まって、農民は飢饉に追い込まれたのである（河西　二〇二〇）。

この東北の凶作・飢饉当時の「農村の献立」を、一九三四年発行の『家の光』に見ることができる。

例えば、同年五月には「五月の季節料理六種」として、「若竹」（タケノコと新ワカメの煮つけ）、「おろし揚げ」（タケノコの根の部分をすりおろして、メリケン粉と砂糖を入れて揚げる）、「筏やき」（フキを茹で砂糖と味噌で味を付け、白身の魚を三枚におろして皮を削いで、油揚に入れて焼く）等々、不況下にしては豪華とも思えるラインナップが並ぶ。同企画八月号には、「夏向けの冷い飲酒八種類の作り方」として、「乳酸飲料（カルピス様の）」、「豆コーヒー」、「麦粉ココア」などが並ぶほか、「御馳走を家庭で作る練習」として、「えびフライ」や「ビーフテーキ」まで並んでいる。

実は、農村と言っても、一様ではない。「一九三四年の東北大凶作と郷倉の復興：岩手県を対象地として」（『農村研究』第四七号）の「交付米貸付及び交付戸数量」を見ると、その階層は次のように分かれている。

地主　一・二パーセント
自作　三三・五パーセント
自作小作　二九・七パーセント

小作　　　　二七・〇パーセント
農業労務者　八・九パーセント

大凶作にあって実際に被害を受けるのは、多くが小作や農業労務者である。『家の光』を購買している層は、地主や自作などであろう。

では、その他大勢の農民の様子を、当時の『東京朝日新聞』などから追ってみたい。『東京朝日新聞』は、五人の特派員を現地へ送り、ルポタージュ「東北の凶作地を見る」を連載した。第一回（一〇月一二日付）では、「岩手の欠食児二万四千」の見出しで、「十二月に入っては五万を超ゆる見込み」と伝え、第二回（同月一三日）では「農山漁村の借金苦、残米買入に身売続出」の見出しで、「両郡下から芸娼妓、女給、女中に転落したもの百九十七名、その身代金は五十円から精々二百円止まり」などとある。

一九三四年一〇月一五日付『東京朝日新聞』は、一面に「飢饉に瀕する凶作地」の大見出しで、三枚の写真を掲載している（これは、「島田特派員」の報告である）。一枚は、岩手県の「凶作対策相談所」の看板の写真で、「みのらぬ稲束を握って泣き込んでゐる農民の哀れな姿」とある。同じく、秋田県の写真には「小学校の小使さんが欠食児童の弁当箱を並べてゐる、傍らに小さい弟妹を守りしながら通学する空腹の鬼童たちが待ってゐる（略）」、山形県の写真には「（略）女の先生が草原化した稲田を児童に開放してイナゴ狩り（略）これが学用品代と食糧になるのです」とある。

同年一一月一三日の紙面にも、「雪だ！　凶作地獄に絶望の呻き」と題して、雪が降る山間の畑を頭から毛布のような布を被って歩く人々の写真や、「今から何を食べるの」という見出しで、炉端を囲む子どもたちの写真を掲載している。

こうした「欠食児童」について、政府はアジア太平洋戦争中においては、都市部においては学校給食の形で欠食児童の救済をはかろうとしている。

日本の学校給食は一八八九年、山形県鶴岡町（現・鶴岡市）の私立忠愛小学校で、僧侶らによって米飯給食が無料で支給されたのが始まりとされる。そして一九三七年には、貧困児童救済のために、国庫補助による学校給食が開始するが、これは全児童が対象ではなかった。

そこで、拙著『女子挺身隊の記録』の取材中に見つけた、一九四四年当時の新聞記事を思い出した。

「良い子はウサギを飼いましょう
肉は、良い子の給食に
毛皮は、兵隊さんの洋服に」

という見出しの記事である。東京であったと思うが、東条首相が小学校の給食の時間を訪問している写真が載っていた。

『昭和史全記録：1926—1989』（毎日新聞社、一九八九年）を開いてみると、一九四四年四月から大都市での学校給食が始まったとある。

そして、今回、「肉は良い子の給食に」とは、アジア太平洋戦争末期の食料不足による都市部の欠食児童に対する政府の救済事業だったことを知ったのである。ウサギに関する記事も、この学校給食開始に際しての呼びかけだったのかもしれない。いずれにしても、東北地方の凶作・飢饉に対するウサギの毛皮買い上げといった政策とはまったく異なるものであったのだ。

二〇二一年六月一日付『毎日新聞』の「蔵出しアーカイブ」のコーナーで、「日本の学校給食」に、関連する記事を見つけた。「1932年　欠食児童給食　一食当たり四銭」という見出しである。アメリカから「ララ物資」と呼ばれる子どもたちへの脱脂粉乳などが送られてきて、全国の欠食児童のために、学校給食が始まったという。在米の日系の人たちがユニセフ（国連児童基金）を通じて、日本の子どもに贈呈する形であった。

私が小学校へ入学した一九四六年は、敗戦の翌年であった。まさに、日本中が食料不足だった時代である。

私が通った岐阜県大垣市の街中の公立小学校では、最初は脱脂粉乳だけだった給食は、徐々に野菜の多い給食に変わっていった。いつの頃だっただろうか。瓶詰めの牛乳が給食に加わった。その給食の牛乳を、家で待つ妹に持って帰ろうとして帰り道で転び、砕けた瓶の欠片が体に突き刺さって亡くなった男子児童がいた。彼の墓碑が私の実家の墓碑に近かったので、墓参の度に母親に言われて手を合わせた記憶がある。中学校では給食がなかったため、お弁当が持参できない生徒は、昼食時間になると、運動場へ出て行った。戦時中も戦後も、欠食児童は存在したのである。

そして、二〇二一年の現在も、給食で食いつなぐ欠食児童が存在している。詳しくは、第三章でふれたい。

農村と満州国

先ほど紹介した一九三四年一一月一三日付『東京朝日新聞』による東北地方の様子を報じた同じ紙面の下段、「参千円當り籤附　勧業債券贈呈福引」という広告に注目してみたい。東北地方の様子から一転、都市と農村の格差がうかがえる広告である。これはどういうことか。

満州事変にともなう軍事費の急増、低為替政策、鉄鋼をはじめ重化学工業品を中心とする関税引き上げ（一九三二年、関税定率法改正）は、一方で国内市場を対外的に防護しつつ重化学工業を中心に国内需要を増大させ、他方で輸出を増進することによって景気回復を促した。特に、三井、三菱、住友、安田、大倉財閥などの大資本が、国民経済主体となっていった。

しかし、資本主義ないし工業部門が重化学工業に先導される形で一九三二年以降は恐慌から這い上がっていったのに対して、農業は依然、凶作とも関係して「長期農業恐慌」に陥り続けた。

こうした国内の構造が、米・英をはじめとする「列強」や、中国・インドなどアジアの植民地的諸国との対立を尖鋭化し、戦争へと国民を引きずりこんだことは間違いない。満州に投入された日本の軍隊のうち、農村出身者は八割にのぼったという。戦争に取り込まれることになった、貧しい農民出身の兵士たちが中国の地で何をしたのか、国民は知らされないままに日本はアジア太平洋戦争へと突入した。ここにその一例を記しておきたい。

旧日本軍が、中国大陸へ侵攻して満州国（中華国国民政府）を設立したのは、五・一五事件が起こった一九三二年三月のことであった。中国大陸における一九三二年当時の日本軍による中国国民への残虐行為として、中国東北部撫順市近郊で起こった平頂山事件について「平頂山事件：１９３２～２０１５」（「撫順」から未来を語る実行委員会編）を参考にご紹介する。

これは、一九三二年九月一五日、中国東北部撫順近郊の平頂山地区において、日本軍（独立守備隊第2大隊第2中隊）が無抵抗の住民約三〇〇〇人を殺戮した事件である。住民らは、中国軍の通過を日本軍に通報しなかったとして、匪賊に通じているなどとされた。

虐殺された住民は、日本軍に暴力や、「写真を撮ってやる」などの言葉でけしかけられて崖の下に集められ、銃殺剣で突かれて殺害された。殺害された住民には子どもも含まれる。日本軍は、最後にその現場を爆破して、証拠を隠滅したという。

平頂山事件の際、母親の胸の下に守られるなどして命をつないだ人々が、戦後、日本を相手に裁判を起こした。平頂山事件については最高裁も認めたが、国家無答責の原則（国が国民に対して一方的に強制力を行使した際に、誰かに損害が生じたとしても国は賠償責任を負わないという明治憲法下の原則）を根拠に補償がなされることはなかった。

さて、一九三五年には三八八万戸であった貧農層は、一九四二年には三七二万戸に減少している（大橋　一九七一）。これは、食べていけない小作人などが、職を求めて都市へ流入したからである。

一九三五年の労働者数は三一七万五〇〇〇人。この内、四二パーセントは五〇〇人以上の大工場、三五・九パーセントは三〇人未満の零細企業の労働者であった。都市に流れた者も簡単には職が見つからず、ルンペン（野宿者）が溢れた。

彼らに目を付けたのは、「五族協和」をスローガンに満州国を設立しようとした、石原寛治らが指導する関東軍であった。

五族協和（日本人・漢族・満州人・朝鮮人・蒙古人は平等である）という謳い文句ではあったが、当時、満州国の全人口三〇〇〇万人のうち、日本人はわずか二〇万人にすぎなかった。

そこで、五・一五事件や二・二六事件などの背景にあった国民感情を利用する形で、「農民救済」を掲げて「満州ブーム」が起こされたのである。

東京からは、東京満蒙開拓団として、大量の失業者が満州国へ送られた（この際、長野からも多くの人間が送られたことは前述の通りである。また、日本の植民地であった朝鮮半島からも満州移民があった）。

一九三四年には東京・大田区に多摩川農民訓練所が設立され、五年間で約四〇〇名が大陸へ渡った。一九三九年には、「大陸の花嫁」のための訓練所も開設されている。

多くが小作人であった開拓団の人々は、関東軍が中国の農民から安価で買い取った（略奪した）農地を分け与えられた。つまり、中国人を小作人として働かせる自作農民となったのである。

なお、アジア太平洋戦争が激化して成人男子が戦場に召集されるようになると、兵役年齢以下の少年たちが「満州開拓青年義勇隊」として満州に送られた。しかし、「満蒙は日本の生命線」と言われるほど、満州はソ連との国境線に近い場所にあったため、一九四五年八月九日の「ソ連参戦」により、かつての「満州移民」は「満州難民」となって、満州の地に取り残されることとなった。

敗戦時、満州にいた日本人は約一五五万人とされているが、そのうち、開拓団員は約二七万人で日本人全体の一七パーセントであった。開拓団員の犠牲者は約七万二〇〇〇人、帰国者は約一万一〇〇〇人と推定されているが、正確な数はわからない。この犠牲者数は、満州国における日本人犠牲者数約二四万人の三〇パーセントにも上る。死者の遺骨もほとんど満州の地に眠ったままである。日本への帰国を望みながら、亡くなった人も多い。

時代を東北地方の凶作・飢饉時に戻そう。

一九三三年一一月二日付『東京朝日新聞』の一面の記事の見出しは「世界不況を外に我が財界好調　高橋蔵相楽観」であり、関西銀行大会で演説する高橋是清蔵相の挨拶として、次のような景気の良い言葉が並んでいる。

「最近における銀行の経営状態も極めて順調であり前述の如き手許資金の潤沢に加え

て一般産業方面の好調と有価証券の値上がりとは著しく銀行資産の内容を改善し、従てその収益状況も甚だ良好（略）」
「外国貿易の状況を見るに（略）前年以来著しく活況を呈し来つた輸出は本年に入ってからもその好調を維持して居り（略）」

三菱重工業や川崎重工業らの造船領域は、軍需産業として特に大きな利益を上げた。美術蒐集家としても有名な川崎重工業株式会社創立者の川崎正蔵はこの時に得た資金で、現在国立西洋美術館の前にあるロダンの「考える人」などの美術品を入手したという。戦争で儲かるのは、財閥と資本家なのである。

報道と都市の視線

東北大凶作の報道は、その窮状を報じるものと、各地から集められた義援金について報じるものに大きく分かれる。

義援金について報じたものとしては、例えば一九三四年一一月二一日の記事で、「本社

寄託　東北凶作義金」が、総額「六万三千六百十八円四十七銭」にのぼったことが報じられているほか、二日後の一一月四日にも「雪の襲来迫って」として、東京の男子小学生らが原宿、渋谷駅前で「凶作地の人々を救へ！」等と募金を集めたことや、古雑誌や古新聞を金銭に替えて集めたなどの記事が掲載されている。同じく、一一月六日付『東京朝日新聞』に、「窮乏の農村に贈る　愛と激励の真心　可憐な学童も続々街頭に　蘇生を祈る人情美」などとして、総額「金八万八千四百七十円七十五銭」の寄付金が集まったとしている。

『東京朝日新聞』には、こうした義援金に関する記事と並んで、「娘の身売り」など、その窮状を訴えるものが掲載されている。

前述の一一月二日付の記事では、「奸計の犠牲に　売られゆく娘」として、「娘の身売り」について触れられている。秋田県下の離村子女の激増の様子を警察が調査したところ、一万一二八二人の子女が出稼ぎに出ていることが明らかになったという。「昨年の四千四百十七人に比すると実に一年間に三千百五十五人の激増、凶作の今年の出稼ぎはいよいよ増加する模様である」としている。

同様に一一月六日付の記事でも、義援金についての記事の隣に、「悪周旋屋駆逐に所轄署の監視網」という見出しで、「凶作につけ込む悪周旋屋」、「養子養女の名目で巧に法をくぐらんとする者」に対して警察が監視網を敷いたことが書かれている。

一方、同じく前述一一月四日付の記事には、「処女会が冬季団体出稼ぎ」として、青森県上北郡の処女会について報じている。

処女会とは、明治以降、農山漁村の女子を対象とした団体で、一九二一年時点で一八五団体、三万二九人（前年調査）の会員を抱えていた。対象は、女学校などの中等教育を受けた女子である（地方在住者を中心に、当時大多数の女性は中等教育を受けなかった）。処女会では、母親や嫁としての女性役割をまっとうするための資質や心構えを習得させるとともに、家事の技能や知識を獲得させることが目的とされた。

同じ記事には「婦女人身売買防止座談会」の上り旗の写真が載っていて、山形県最上郡新庄の警察署が主催で、「ますます増える娘の身売り」への防止策が話し合われたことなどが書かれている。

あるいは、同年一一月一三日付の記事には、「深刻な凶作の影響」として、「小学教育を縮小」とある。これは山形県北村山郡での町村長会での決議であり、「積年の町村財政逼迫に加へて未曾有の凶作に直面し、しかも十年後政府予算では義務教育費臨時国庫補助が大蔵省で削減の運命に瀕しており（略）」とその理由が書かれている。そして、「到底凶作地町村として明年の予算は編成し難し」との理由で、場合によっては「小学校の高等科を一時中止するほかなし」としている。当時の義務教育は、小学校四年と高等科二年であったが、このうちの高等科二年を中止するとのことだ。

なお、同じ記事では、山形県の学務部長談として、「初耳です」、「一面子弟の学力低下を来すようなことも想像せられ」るため、「慎重に考究する必要がある」との記述もある。

ここで、こうした当時の東北地方の凶作・飢饉に対する報道について、河西（二〇二〇）の視点も紹介しておきたい。

一九三四年の凶作・飢饉では、稗飯を貪る児童（一九三四年一〇月一五日付『東京朝日新聞』「東北の凶作地を見る」）や生の大根をかじる子どもたち（一九三四年一〇月二七日付『東京日日新聞』「凶作の東北を見て」）の写真が、そのシンボルとして知られる。こうした当時の窮状について、見聞きしたことのある者も多いだろう。

一方、木下（一九三五）のように、センセーショナルなジャーナリズムは東北社会の正確な認識を阻害するものであり、人々は凶作年に限らず「麦粟蕎麦稗大根等の混食」

を主食していると指摘する者もいる。

木下によれば、議論されるべきは東北の農民や子どもたちの食生活における稗や大根の消費ではない。稗を食べ大根をかじる子どもたちはこの時代とこの地域に限らない。それよりも、そうした姿を東北凶作・飢饉のシンボルとして伝えたマスコミや文化人、それを受容した読者の眼差しこそ問題なのだという。

以上をふまえて、河西（二〇二〇）は次のようにまとめる。

「これらの写真からわれわれが読みとるべきものは、〈凶作によって稗や大根を食べざるをえない飢饉状態に追い込まれた東北の子どもたち〉や〈稗や大根を子どもたちに食べさせざるをえないほど貧窮生活に追い込まれた東北の大人たち〉の存在ではない。逆である。そうした子どもたちの姿を見つめる視線、日常生活の中で子どもたちが稗や生の大根を食すような風景がほとんど見られなくなっていた地域、都市の視線である」

なお、哲学者の戸坂潤は、「高等警察と冷害対策」（『文藝春秋』一九三四年、一一・一二月号）と題する論考において、都市の人々による社会的「同情」を次のように批判した。

「社会現象とあれば、東北の冷害は、独り米穀問題ばかりではなく、偉大な軍事予算の問題や、対軍縮会議兵力量の問題などと切り離しては意味がない筈で、そこまで行くと、問題は愈々『同情』や何かでは＊＊＊（原文ママ）せなくなるのである。東北地方の救済と、軍事予算との、数量上の連関を、ハッキリと私に教えて呉れる人はいないか」

河西はこうした戸坂の指摘を指して、「戸坂の視界には、帝国日本・軍国日本の国策（凶作）のなかで発生した『社会現象』としての東北凶作・東北飢饉が『自然現象』に歪曲され、東北社会の必然論や宿命論に原因が転化されようとしている構図が見事に映っていた」と述べている。

娘の身売り

一九三四年を頂点とする東北地方の大凶作による飢餓では、これまでに確認したように、娘の身売りが大々的に新聞報道された。

私が娘の身売りに関心を持ったのは、『昭和史全記録：1926―1989』（毎日新聞社）の一九三四年の項目に掲載されている二枚の写真がきっかけであった。

一枚は「村の掲示板」と題した写真で、「身賣の場合は、當相談所へ御出下さい。○○村相談所」という役場前の看板を撮影したものである。もう一枚は、「人買いの手から救世軍に救助された娘たち」と題された写真で、風呂敷包みを抱えた着物姿の少女たちが写っている。

役所が公に身売りを斡旋していたということだろうか。あるいは前述したような「凶作につけ込む悪周旋屋」といった悪質な「人買い」よりも安全なところへ売ろうというのだろうか。

これについて、一九三四年一一月一四日付『東京朝日新聞』によると、「東北地方は永い間娘の売買が慣習になっている、親も娘も売ることについて道徳的責任など余り考えていず、普通の事の如く思っているし、一方娘も綺麗な着物や生活にあこがれて売れることを少しも苦痛としない慣習になっているとのことである」とある。

ここにも河西（二〇二〇）による「都会の視線」があることは間違いない。記事は、「だから今度県や町村が防止運動に乗り出したところ非常に反感を買い、極力その警戒を避け親と娘が協力して身を売るものさえある」として、「其行為が凡ゆる点から非人道的であるということを教え、その慣習を打破するように教育すること」を最大の急務とすべきとしながらも、娘の身売りについて「職業紹介所と警察署と町村が協力し、もし娘売買の話を聞いたら直ちにかけつけて説得し資金の貸付と正業の斡旋をすることにした」とある。

同じ記事には、「子女を東京市内に紹介斡旋するために既報の如く一時的収容所を応急開設することに決定した」とあり、次のように続く。

「府は収養園と協力して中野収容所に大体承諾を得たし、市は無料宿泊所を、愛国婦人会は現在の収容所をもって一週間内外の共用を与えて、女中または商店住込みに就職せしめる手筈を整えている」

娘の身売りというと、芸妓や娼妓のイメージが強いが、当時、都会の中流以上の家庭では、「子守り」や「女中」として地方の女性を雇うことも多かった（現に地方都市であったが、一九三九年に私が生まれた時にも、「お手伝いさん」のほかに私専属の「子守りさん」として「はじめに」で触れたチヨさんが雇われた）。

例えば、一九三四年一一月一日付『東京朝日新聞』では、「東北凶作救済運動」という見出しで、「力強き手を挙げて　愛婦と矯風会起つ　仏教女子青年会も参加――本誌と共同し全国へ訴へる」とある。「愛婦」とは愛国婦人会、「矯風会」とは、日本キリスト教婦人矯風会（以下、矯風会）のことである。ここでは、「悲惨！　娘の安売り」として、一九三三年一〇月から一九三四年九月末までの青森県からの「身売り」について、その内訳を紹介している。

酌婦　一〇二四人
芸妓　四〇五人

娼妓　八五〇人
女工　一四二七人
女給　九四八人
女中　二四三一人

同じ時期での「出稼者」は次の通り。

酌婦　　三二七人
芸妓　一〇五人
娼妓　二五七人
女工　三一九人
女給　六五〇人
女中　一〇四六人

いずれも、女中が最も多い。

次に、公的機関と連携しながら地方から上京する女性たちを職場へと仲介した愛国婦人会について見ていきたい。

愛国婦人会と女中

愛国婦人会は、軍事後援をおもな目的として創設された。主唱者の奥村五百子は、一九〇〇年の北清事変の際に慰問使として戦線に従軍した際に、戦死者の遺族や傷病軍人の救護によって兵士に後顧の憂いを持たせないようにしようと痛感し、同会発足に繋がったという。内務省や軍部の後押しもあった（三井　一九一二年、九～一〇頁）。

発起人には一条悦子（公爵夫人）、大山捨松（侯爵夫人）などの貴婦人に加え、下田歌子ら女子教育家、近衛貞子（貴族院議長夫人）、山本たほ子（日銀総裁夫人）、伊集院繁子（海軍少将夫人）など各界の名流夫人が名を連ねる。初代総裁は閑院宮妃が就任し、以後、総裁は歴代皇族から迎えるなど、上流婦人の団体としてスタートしている。

この愛国婦人会は、一九三四年の東北の凶作・飢饉の際、身売り防止の援護協力を行っている。

一九三五年前後の東北六県における芸妓や娼妓としての身売りは、年間およそ三～四万人といわれる。このうち、親元からストレートに身売りに出されたのは五人に一人程度で、大半は女工→酌婦→娼妓あるいは旅館や食堂の女中→女給→酌婦→娼妓というような過程をたどった。東北地方では正業の労働機会を得ることが少ないため、働き口は接客業に求めるしかなく、特に凶作以降はその傾向が顕著になったという（吉田 一九七二）。

ここで、「売られゆく娘はこうして地獄へ」という当時の雑誌『廓清』（第一二号、一九三四年発行）から、秋田県から千葉県の旅館に売られてきた一七歳の娘のケースを引用する。

「前借り一〇〇円二か年間働く約束でつれてこられたが、親たちも本人もどんな所で働かされるか知らない。ただ一〇〇円の借金のために娘を手放すわけである。ところがこの娘たちが目的地へ来て雇い主が定まると借金が増えてるのであるが、これが親たちが知り得ない借金で、次のような計算になる。

◇一〇〇円（郷里の親へ渡した前借）

◇七〇円か八〇円（雇主の異なるにより多少の相違あるも手数料と同伴せる周旋人への日当とかお礼と称して雇主より同伴者へ支払い、これを娘たちに承諾させる）
◇二〇円位（国許より着てきたものでは間に合わぬと称して、新調する着物代なれど、たいていは実価より売も高いもの）

娘たちにはこの金がどんな性質のものか、七〇円八〇円の金の数も知らず、見たこともない金額で、これが自分の将来にどんな結果を来すものか想像しうるわけもないし、ただ漫然とその承諾をさせられるのだ。将来これが問題になることがあれば、本人の承諾を得て払ったと言い逃れることとなる。このような次第で二〇〇円前後の前借になる。この前借は毎月五円ずつの給料を以て返済に充て、本人には一銭も手渡しせず何の事故もなく無事に働き通しても四〇か月かかることになる。もしも病気にでもかかろうものなら、医者にもろくろくかけず、少し長くなると前借の上へ食糧までも計算して他へ転売される」

なお、前述の一九三四年一一月一日付『東京朝日新聞』では、「悪質周旋人によって、一人当たり二百円から最低でも十円という馬鹿な値段で売られている」とあるので、確かに悪質周旋人の手にかからないことは重要そうだ。

同年一二月四日付同紙には、「哀しき末路、売られた娘癩病の果て発狂　続々判明する惨話」として、次のようなエピソードが紹介されている。山形県では「娘、売るな」というパンフレットを作って父兄に配っているが、悪質な周旋屋によって、東京で女中として働いていた女性が、玉ノ井（東京都墨田区向島にあった私娼窟。一階が飲み屋で、二階の「チョンの間」と呼ばれた場所で買春ができる。永井荷風らの小説にも登場する）にくら替えさせられてから、千葉県などを転々とする中で発病し、亡くなったのだという。氏名は書かれていないが、年齢は二四歳とある。

愛国婦人会では一九三二年の昭和恐慌時より、経費二万円を投じて資金貸付を受けなければ身売りの境遇にある窮乏農家の子女の保護者に対し、一人あたり一〇〇円を限度に貸し付けを行った。また、前述において紹介した全国からの義援金についても、愛国婦人会が主導して集めたものが多い。

そして一九三四年一一月、東京府と市、関係諸団体の関係者は協議会を開き、娘たちの身売り防止策として、①東京地方職業紹介事務局に統制本部を置き、東京はもちろん凶作地方の当局や紹介所などと連絡を取り、無断にあるいは就職口もないのに上京する者を食い止める、②女中、工女等の就職口決定にあたり、前借金を立て替えて速やかに渡してやるために予算十万円を計上する、③住込みまでの一時宿泊所を設け、就職に必要な簡易準備教育をおこなう、などと取り決めがなされた。

東京府社会課の調べでは、一九三四年一年だけで、東北六県から出稼ぎした娘は五万八一六九人にのぼったが、このうち愛国婦人会を中心とする婦人団体によって、三八〇人（うち一六〇人が娼妓へと身売りされようとしていた）が、悪質な身売りから救われたという。

愛国婦人会はこの時期上京した娘たちに女中としての準備教育を行う場としての養成所も設立していた。同会が地方の分会や職業紹介所と連絡をとって女中求職者をつのり、鉄道運賃の半額を負担して状況させ、格安の料金で泊らせながら都会の女中として必要な事柄について実地訓練を行い、修了者には適当な家庭を紹介するというものであった。

講習の内容は、身支度心得、ガス・水道・電気の使い方、基本料理の作り方、風呂の炊き方、市場での買出し実習、衣類の手入れと保存法、言葉づかいと電話のかけ方、来客への応対から押売への対処法など多岐にわたった。

そもそも、一九二〇年頃から日本の都市部では深刻な女中不足が浮上するようになっていた。

一九一七年二月一七日付『読売新聞』は、「近来、婦人の職業が著しく多方面に発展して来たにつれ、女の苦学生希望者が非常に多く、市内の市立女学校経営者へ宛てて地方の婦人から苦学希望の申し込むもの引きも切らず」と伝えている。新中間層の増大にともない女中の求人が高まったのに対し、女中自体の求職者は減少傾向が続いたというのが、女中不足の背景であった。

そうしたなかで、昭和恐慌期、約七〇万人が飢餓状態にあったという農村部からの女中志望者をいかに育てるかということが課題になったとも考えられる。

都会の企業からの失業者が故郷の農村に舞い戻って、農村人口が増えたのに対して、農村でも仕事が見つからず困窮に陥った人も多かった（なかには、故郷に帰る費用がなく、歩いて故郷を目指した人たちもいた）。「娘の身売り」や「欠食児童」だけではなく、「嬰児殺し」、「一家心中」、「ゆきだおれ」、「ルンペン（ホームレス）」なども当時のキーワードである。

東北地方の凶作・飢饉による身売りではないが、二〇二〇年から二〇二一年にかけてのＮＨＫの朝の連続ドラマ「おちょやん」のモデルになった浪花千栄子（本名・南口キクノ、一九〇七～一九七三年）の自伝『水のように』（朝日新聞社、二〇二〇年）からも、戦前の貧困家庭における若い女性を取り巻く状況がうかがえる。

浪花は大阪府富田林市の金剛山の麓で生まれた。父親は鶏の行商を生業とするが、博打好き。病身の母親は、弟を出産後、彼女が四歳の時に死亡した。浪花は、小学校へは二か月しか通っていない。

浪花は、頭に湧いたシラミのせいで、いつも遊んでいた友だちが誰も遊んでくれなくなったことを「悲しい思い出」として記している。

八歳の頃、父親が博打で作った借金の返済のために、大阪・道頓堀の芝居小屋の弁当仕出し屋に衣食住の保証付きで奉公に出される。朝から晩までこき使われるが、父親は借金のかたにと、彼女を身売りさせ続ける。一八歳になる頃、次は娼妓に売られるのではないかと、浪花は父親の前から姿を消した。幸い、彼女の努力と幸運から役者となり、映画俳優やラジオの「お父さんはお人よし」で全国的に有名となる。

児童の権利を守る児童福祉法もなく、旧民法の家制度によって家族のための身売りが当たり前であった時代の一端がうかがえる。だからこそ、「少しでも安全に」、「高額」でと、身売り相談の場が公に設けられたのだろう。

なお、愛国婦人会は、一九三五年には女中の共済組合である「家庭勤労夫人共済会」も設立している。その本部は愛国婦人会の本部の隣にあった。女中養成所を修了し、同会の斡旋によって就職した女性を正会員に年会費二円、その雇主を賛助会員として年会費三円以上を組合費として集め、女中の福利厚生にあてる試みであった。

就職の補助と共催制度を考えると、「人々に職業人としての女中の存在を意識させる」（清水 二〇〇二）という意味で、愛国婦人会の試みは社会事業として考えることができる。ただし、一九三七年に志那事変が勃発すると、愛国婦人会の活動は急速に軍事後援に傾いていったことも記しておく。

政府の対応

東北の凶作・飢饉に対して、政府の対応はどうであったか。

一九三四年九月に凶作が決定的になると、東北六県の知事は一〇月二日に東京で会議を開き、冷害対策案並びに東北地方振興案を決定して、三日に岡田啓介首相、山崎達之助農林大臣ほか関係大臣の元を回って支援を懇請したという。しかし、政府の凶作対策が本格化したのは、ここまでに見てきたような新聞報道が世論を動かした後であった。

各紙は、この東北の凶作・飢饉を「欠食児童」や「娘の身売り」に代表される社会問題として扱い、その「哀話」報道を競った。報道を受けて各地から東京大阪朝日新聞に集まった義援金は六四万三四四円九六銭にのぼり、一九三四年の暮れには「今や全国の視線は東北六県の上に集まって居ると申しても過言ではありません」と、農林省に言わしめる状況となったのである（農林省経済更生部、一九三五）。

政府は東北六県の知事による要望を受けて、まずは「八月の風水害に依る大阪米穀事務所管内に於ける被害濡米七十万俵を、廉価かつ一ヵ年延納の条件を以て六県に分配する」（岩手県、一九三七年）とし、続けて、諮問機関としての東北振興調査会の設置を決定した。

最後に、一一月二七日からの臨時議会では「政府所有米穀ノ臨時交付ニ関スル法律」が審議され、一二月二六日に施行された（この「政府米」のうちほとんどが交付ではなく貸付であった）。

そのほか、一一月七日には「御下賜金」として五〇万円が内務省に下されている。一一月八日付『東京朝日新聞』には、「畏し両陛下　東北の更生振興に　五十万円下賜」、

「異例なる御救恤」とする記事が掲載された。ここで、後藤文夫内務大臣がただちに首脳部会議を開いて「東北六県の町村に郷倉を設けて同地方町村の更生振興をはかることを決定」し、「御下賜金により東北においては郷倉を欠く町村を皆無ならしめ」るとしたと報じられている（このあと、町村ではなく「各部落」の設置に改められた）。

「郷倉」とは、自治的に運用される備荒貯蓄倉庫である。江戸時代に諸藩の奨励で広く普及し、明治以降廃れてきていたものであった。

郷倉では飯米貸付を行う。返済は新籾で行い、「返済ニ当ツテハ利石（利籾）ヲ附スルノヲ通例」としており、その利石が郷倉の維持管理費や共同貯蓄に充てられるというものである。籾で借りて籾で返すため、米価の影響を免れることができるため、内務省は「農民ニ対シ最モ有効ナ飯米供給方法デアル」としている（社会局庶務課調査係、一九三五年）。

なお、この郷倉については、山下（二〇〇一）が「実際に貯蔵された様子もなかった。そして、結局は役目を果たさないまま、老朽化して終戦の頃には取り壊されてしまった」（一六五頁）と述べている。

ここまで、政府がほとんど全国からの義援金をあてにしていることがわかる。三井や三菱などの財閥も、批判を避けるために、義援金を全額困窮者支援に回すことはせず、災害防止費の名目で、建設会社などに回している。こうした対応は、満州事変（一九三二年）以降の軍事費の上昇と無関係ではないだろう。一九三五年度の軍事予算にいたっては、一〇億円を超すまでになっている。二〇一一年の東日本大震災に対する政府対応にも通じるものがある。

以上、様々な資料から東北の凶作・飢饉について駆け足でその全体像を描いてきた。この一九三四年からの大凶作は、春雪で田植えも遅れ、そのうえ冷夏で稲も十分に育たなかったことから起きた天災だとも考えられる。だが、一九三二年の五・一五事件とその背景から見えてきた軍事国家へと日本が突き進む流れを振り返ると、その発生から対応まで単なる天災ではないことがわかる。

さて、一九三四年の『家の光』一〇月号に、私はとうとう「兎毛皮の鞣しかた」という二ページにわたる記事を見つけてしまった。十一枚の写真入りで、ウサギの毛皮の鞣し方を紹介しているが、簡単ではない。できあがるまでに一〇日ほどかかるようで、凶作にあって食べる物にも事欠く農民にとっては不可能ではないかと思った。

第二章　戦争と女性の性

からゆきさん

娘の身売りと聞くと、「からゆきさん」を思い出す人もいるだろう。

一九七二年に山崎豊子著『サンダカン八番娼館：底辺女性史序章』（文藝春秋）が出版されて、映画化もされたところから、「からゆきさん」という言葉が広く知られるようになった。

山崎氏は、「からゆきさん」を次のように説明する（山崎　一九七二）。

「〈からゆきさん〉とは、『唐人行』または『唐ん国行』ということばのつづまったもので、幕末から明治期を経て第一次世界大戦の終わる大正中期までのあいだ、祖国をあとに、北はシベリアや中国大陸から南は東南アジア諸国をはじめ、インド・アフリカ方面にまで出かけて行って、外国人に肉体を鬻いだ海外売春婦を意味している」

一九九八年、私はシンガポールで開かれた「家庭暴力世界会議」に出席した。出発前、地元の神奈川新聞に記事を書かせて欲しいと、報道部長にお願いしに行ったところ、「シンガポールへ行くなら、シンガポールへ出稼ぎに行った人たちのことも調べて来て欲しい」と言われた。

「僕は長崎出身なのだけれど、シンガポールへ出稼ぎに行った叔母さんが現地の人と結婚して幸せな家庭を築いている。僕は現地に住む従妹たちとも親しくしているんだよ。東南アジアへの出稼ぎは、みんな売春をしていた『からゆきさん』だと誤解している人が多いので」

しかし結局、シンガポールで自由に使える時間があったのは世界会議終了後の翌日だけで、現地の旅行会社に頼んで、日本人墓地と、かつて日本人女性が娼妓として働いていたらしい建物を見学して帰国することになった。

日本人墓地には埋葬された人の出身県が書かれていたが、九州だけではなく、岡山県や和歌山県などの地名もあった。

また、かつて娼妓館だったという二階建ての建物も見学したが、現在は一階が自転車屋などの商店になっていて、二階は住居として使われているとのことだった。結局、下調べもなかったため、詳しく知ることはできなかった。

そんな苦い思い出を持つ私は、二〇一五年に出た嶽本新奈著『からゆきさん：海外〈出稼ぎ〉女性の近代』（共栄書房）に興味を持った。

著者の嶽本は、山崎の描いた「からゆきさん」という言葉について、「扱いが大変難しい言葉」であるとして、女性たちの相手には日本人男性も含まれており、従軍慰安婦もこの名で呼ばれることもあったなど、実際は言葉の意味するところがより広義であることを述べている。

嶽本は「からゆきさん」という言葉について、「海外に〈出稼ぎ〉へ行き売春を経済的営為としていた女性」の意味で用いている。

この「出稼ぎ」という言葉については、当時は「出稼ぎ」と「売られていく」ことの境界線は曖昧で、女性たちの雇用契約は奉公関係として結ばれることが常であったとしている。そして、管理された女性の「身体」と「性」を日本人男性のために利用するという暴力的な思考が、そうした背景のなかで後の「慰安婦」制度へと先鋭化されていったとしている。

嶽本は、「『慰安婦』制度はなにもないところから日本軍が突如出現させた制度ではない」として、次のように続ける。

「その下地となったのは、（略）開国以前からの日本の伝統的な遊郭制度と、その制度を是として売春する女性の『身体』と『性』を経済の一環として組み込んできた日本社会に加え、開国以降に醸成された、男性の慰安のために『消費』される女性を『供給』することを優先させるといった意識であった。しかも、その過程では常に人身売買的な要素は隠蔽され、女性の意志による行為とされてきた。複雑なのは、そうした意識を女性を取り囲む人々のみならず女性自身も少なからず共有していたという点だろう。植民地化の過程で、そうした意識が日本人以外の女性たちにも投影され、より構造的な暴力で巻き込むシステムとして出現したのが、『慰安婦』制度だった」

この、「からゆきさん」と呼ばれた女性たちが存在した歴史的背景こそが問われるべきという主張に、私は目を開かされた。彼女が、「からゆきさん」と「慰安婦」や現代のセックスワーカーと重ね合わせることには「慎重であるべき」としていることに留意しつつ、以下では娘の身売りに関連して「戦争と女性の性」について掘り下げていきたい。

買春と売春の歴史

二〇二一年四月二七日、菅政権は「従軍慰安婦」の用語が、旧日本軍が強制連行したとの「誤解を招き得る」ので「単に『慰安婦』という用語を用いることが適切である」とする見解を閣議決定した。これは政府の公式見解である河野洋平官房長官談話（以下、河野談話）を事実上否定するものとして、各所で注目を集めた。閣議決定は河野談話を「継承する」としているが、「従軍」の言葉を消し去ることは、軍による強制を認めた談話の空洞化にほかならない。

河野談話は、金さんら被害者の訴えを受け、政府による調査の上で発表された。そこでは、「従軍慰安婦」の存在と旧日本軍の「直接あるいは間接」の関与、本人たちの意思に反した強制性を認め、「同じ過ちを決して繰り返さない」という決意も表明している。

これを否定する動きは、二〇〇七年に発足した第一次安倍政権以後、日本会議などの右翼陣営を中心に始まった。

二〇一五年一二月には、日韓両政府が解決に向けた合意に達し、日本政府は旧日本軍の関与をあらためて認めた。しかし、当時の安倍晋三首相は「心からおわびと反省の気持ち」を表明したものの、その後も「性奴隷といった事実はない」との主張を続けていた。

その安倍政権の流れを継承する菅政権における、今回の閣議決定である。これにより、萩生田光一文部科学相は、学校教科書で「従軍慰安婦」の用語を使わないよう介入し始めている。

こうした従軍慰安婦問題を骨抜きにしようという流れは、一つに「戦争」を知らぬ世代が多くなっていることと無関係ではないだろう。

私は一九九六年に拙著『買春する男たち』（新評論）を上梓している。執筆のきっかけは、前年の第四回国連女性会議（北京で開催）に参加して、「男たちの買春」をテーマにしたワークショップを主催したことだった。

ワークショップでは、私が当時所属していた女性団体（かながわ女性会議）で、神奈川県内の男性約二〇〇〇人に「買春」についてアンケート調査を行った結果を発表した。なお、「買春」という言葉自体、当時は市民権を得ておらず、帰国後はマスコミでも取り上げられた。

アンケートでは、六〇歳以上の男性では「外国で買春をした」という回答も多く、彼等は恐らく戦争体験者であり、韓国や、タイなど東南アジアへのキーセン観光ツアー（買春旅行）や、戦時下の従軍慰安所での体験だったのではないかと想像した。

中山（二〇一三）によれば、西洋でも、聖書の中にマグダラのマリアをはじめとして、たびたび「売春婦」が登場しているほか、古代ギリシャでも、貴族から市民階級から奴隷にいたるまで、男性が女性の性を買っていたという。我が国でも「古代から近代までの二千五百年を通じて、時に多少の消長はあっても、女子は第一に父兄に、第二は良人に属した財産であって、人格者としての待遇は受けていなかった」と指摘している。

日本で、職業として売春が定着した時期には諸説あるが、闘いの場（戦場）に女性が「遊女」として登場したのは、平安末期とされる。

彼女達は、「白拍子」と呼ばれた。

白拍子という言葉は、公家たちの手にする笏拍子や手拍子、つまり伴奏のない白拍子からきている。源平の乱世の武士たちは白拍子を特に好み、宴会だけではなく、戦場にまで連れまわった。この白拍子は、平家物語の最初にも出てくるが、「遊び」「遊びもの」と言われて、貴族や武家の宴席にも出るが、体も売ったという（邦光・杉村　一九八九）。

この白拍子は若さが売りという厳しい世界で、二〇代半ば以後は、尼になるか、切り殺されて捨てられるという残酷な身分だった。

また、鎌倉時代では木曽義仲に仕えた巴御前が「御陣女郎」として知られる。平家物語にも遊女を召して宴を催した記述が散見される。中山（二〇一三）は、「戦場に女性を招くとは第一に慰安婦の役割があった」としている。

これらも、「戦争と女性の性」をめぐる、一つの歴史である。

その後、室町末期から都市に遊郭などの場が登場する。京都の島原遊郭、江戸の吉原、大阪の新町、長崎の丸山遊郭などである。このような遊郭で男性の相手をする女性には、貧しさゆえの身売り（奉公）による者だけではなく、戦乱時代に戦いに敗れた武士の妻や娘たちもいた。また、豊臣秀吉時代、朝鮮へ侵略した折に略奪してきた女性もいたとされている。

奴隷制度を隠す奉公制度

秀吉政権において注目すべきは、兵農分離体制確立のために全国規模で「人売り買い」を禁止し、それとセットで「奉公人」法度を推進したことである。これにより、「身売り」という観点で言えば、単なる人身売買から年季奉公人化という変化があった。あくまで、百姓身分の者が一時的に取る地位・状態として奴隷制に頼らぬ生産関係を築いていく基盤が築かれたということである。この体制は江戸時代にも引き継がれ、「近世を通じて一般の労働関係は、身分的な隷属から債券的な奉公関係へと推移してきた」(下重 二〇一二)。

したがって、遊女も「奉公人契約」を結んだわけだが、その内容は①家長権を人主から雇主へ委譲、②転売の自由、③身請け・縁付けの権利を雇主に委譲、④死亡後の処置も雇主へ一任、といったもので、実質はその身体的権利と自由を大きく制限された身売りと変わらなかったのである。

嶽本(二〇一五)は、内実として人身売買と変わらずとも、「困窮する庶民にとって娼妓制度は常に身近な選択肢でもあった」、「近世の公権力が徹頭徹尾『経済』の論理で売春対策にあたっていた」としている。

一八七二年、日本政府は「芸娼妓解放令」を出している。

これは、ペルー船、マリア・ルーズ号が横浜港に入港した際、船内の清国人奴隷について日本政府が「人身売買は違法」と裁判にかけたところ、ペルー船の弁護人が、「日本の娼妓の年季奉公は人身売買にあたる」と反論したため、これに対処するかたちで出された。西洋との国民国家間競争に参入した日本にとって、前近代的な「人身売買」を継続していることが白日の下にさらされるのは、非常に問題があったのである。

しかし、この太政官布告も（秀吉政権と同様に）人身売買を禁止するのみで、売買春の禁止を目的とはしていなかった。遊女屋は「自由意志」に基づく稼業として継続し、当時の東京府の公布には、「遊女屋は貸座敷に、遊女は娼妓と改める」、「糊口を凌げず、頼る親戚がない窮民のみ娼妓渡世を許す」とある（早川　一九九八）。

なお、外国への体裁を気にした明治政府は、娼妓に関する営業管理や税収対策を国家ではなく府県に担当させるとした。これ以降、各地方行政による公娼統制と警察による私娼取り締まりが制度化されていくことになる。

このような芸娼妓解放令直後の政府による「貸座敷・娼妓規則」について、河西（二〇一四）の分析がわかりやすい。

「（略）彼女達が売春をしたいという意思を持っているから、それならば『賤業』として国家は売春を認めると述べているのである。（略）国家は救貧のために『賤業』である売春を『必要悪』と知りつつ容認するのであり、（略）売春施設は貸座敷としてその場所を提供しているにすぎないと政府は主張したのである。そうすると、彼女たちは廃業の自由があるにもかかわらず、自らの意志によって売春を続けていたということになる」

もちろんこうした論理は国際社会に向けた建前にすぎなかったのであるが、この建前は、家制度の中で娘が犠牲として売春婦にならざるを得なかったのではなく、自らが貧困を克服するために売春婦になることを望んだという論理へと帰結することになった。

この「自前の営業の禁止」については、江戸時代にも「夜鷹（よたか）」（街角で買春客を待った。ほかに京都では「辻君（つじぎみ）」、大坂では「惣嫁（そうか）」などと呼ばれた）による自前の売春を禁止し、違反すれば、「奴（やっこ）女郎」と呼ばれて、遊郭などで四年間無償で強制労働させられたという制度があった。私は、この自前の売春が長く禁止されてきた歴史が、ある面で日本女性の経済的自立を妨げたのではないかと考えている。

公娼制度に対しては、国際的な批判があったほか、国内においても「廃娼運動」と呼ばれる運動が巻き起こった。

廃娼運動に特に邁進したのはキリスト教関係者であった。なかでも最も早い時期に組織されたのが矯風会という婦人団体である。

日本における矯風会の活動は女性解放運動としての色が強いものであったが、廃娼運動におけるその理論的背景は、矯風会が活動初期より取り組んでいた「一夫一婦の請願」などに見られる「清潔の交際」を基本とする性道徳観念であった。矯風会がまず「障害」と目したのは「女流の地位を卑しうすべきたわれ女の類」であり、「女子にして男子を陥れんと」する男性を誘惑する女性であった。嶽本（二〇一五）は次のように言う。

「欧米の社会浄化運動の変節を鑑みても、しばしば女性解放運動を担う人々は母や妻への連帯を示す。矯風会にしても、母や妻としての立場からそれに相対する夫や息子との『健全な関係』構築を志向するのであれば、家を破壊すると目される『妾娼』は、『女流の地位を卑しうすべきたわれ女』としてしか位置づけられないのは必至であった」

また、矯風会はかねてより「在外売淫婦」の取り締まりも要請していた。これは、いわゆる「からゆきさん」を指している。鎖国時から清国とオランダの貿易が許され、開国後は他のヨーロッパ諸国出身者も訪れるようになった長崎の地の遊女、「丸山遊女」たちがその先駆けとして「出稼ぎ」のために海外へ渡っているが、同じく国際港を持つ土地からも女性たちがロシアなどへと渡っている。

矯風会はこうした海外の日本人娼婦について、自らの「性」を「外人に安売り」しているとして激しく糾弾している。「からゆきさん」たちも生活の困窮から身売りとして海外に渡ったことに違いはないのだが、矯風会は親に身売りされた国内の公娼制度に囲い込まれた娼妓のみを救済対象とした。

嶽本（二〇一五）は、「（矯風会は）能動的あるいは受動的な側面のどちらか一方がその時々によって強調されるなど、評価は一貫したものではなかったが、それはそもそも

〈出稼ぎ〉のプロセスにどちらの要素も複雑に絡まっていたからである」としている。

芸娼妓や海外の日本人娼婦に対する矯風会の主張展開は、後述する。

なお、こうした「廃娼運動」は、一九二〇年代後半になるとプロレタリア女性運動でも展開されるようになるが、注目すべきは、いずれにしても「買春廃止運動」ではないことである。

公娼制度と性病

公娼制度によって、一八七八年に「芸娼妓の自前の営業の禁止」が定められ、同年、「芸娼妓の梅毒検査」が義務付けられた（客である男性は性病検診の対象から除外されていた）。ここに、「極めて近代的な状況の中で」国家公認の売春制度が構築されたことがわかる。

この、日本の人身売買が近代化した産物であった公娼制度の特徴の一つが、性病検査であった。これは当初、開国後に白人を客とする娼妓たちに対して検診が強制されたものであったが、地方官の管理の下、次第に全国へ拡大し、どこの「遊郭」にも、「検番」

と呼ばれる売春婦の性病検査をする建物が設置されるようになったとされる。

性病は、秀吉時代より、ヨーロッパからの渡来人によって持ち込まれるようになった。遊女や飯盛女（旅籠で性的労働も行った）ら、当時性的労働を行った多くの者が淋病や梅毒に侵されて苦しんだ。また、そうした性病は、買春をする男から家庭に持ち込まれた。

保阪正康は、『戦場体験者　沈黙の記録』（筑摩書房、二〇一五年）において、軍医や衛生兵が「軍隊の最大の敵は、『性病』である」として、「特に、南方の戦地などでは、兵舎の近くに誘いに来る売春婦から性病を移されないため」に従軍慰安所を設置したと話していたことを記している。当時は「軍隊の中で、一割の将兵が性病に罹ったら、その隊はもう使い物にならなくなる」とされていたのだという。「毎週一回は性病検査を受けている慰安婦」によって、安全な性を保証していたということだ。

倉橋（二〇一〇）も、日本軍による中国侵略時、占領地において、将兵が外出する際には「突撃一番」と書かれたコンドームを配布していたことを指摘している。

なお、従軍慰安所で慰安婦を利用したのは、下級兵士だけではなかった。戦争に参加し、従軍慰安所を利用した体験を元に書かれた曽根一夫著『元下級兵士が体験見聞した従軍慰安婦』(白石書店、一九九三年)には、次のように記されている。

「作戦行動に出発する際は、慰安婦とのセックスを楽しんでから出かけた。作戦を終えて、現在地に戻ると、行動間の苦労を慰安婦の肉体によって癒した。そうして慰安所を利用した結果、用いた慰安婦は、百人からにのぼった」

しかし、一九三五年前後になると、性病による除隊者が急増。日本軍は一九三九年には、性病対策として、「徴兵予備検査」を始めている。

徴兵時の性病検査は、「M検」と呼ばれた。男性器露出検査のことで、日本で初めて行われたのは、一八七一年の大阪兵学寮での日本初の徴兵検査であると推察される。徴兵検査で行われたほか、二〇世紀はじめには高等学校の入学試験にも導入された。東京帝国大学教授の井上哲次郎が一九〇六年に次のような文章を発表している。

「(第一高等学校志願者五一一〇人のなかに一三人の花柳病=性病患者が見つかったことについて)例へは熊本の高等学校に於ては、従来裸体にして体格検査を行って来たものであります、（略）（東京の）第一高等学校に於ては、今年始めて裸体にして検査をしたのであります、それで意外に一三名も花柳病患者を発見した」

渋谷（二〇一七）によれば、徴兵検査におけるM検は戦争とともに終了したが、大学の入学試験や、入社試験におけるM検は戦後しばらくまで行われたという。

いずれにしても、性病は当時から広く恐れられており、性病防止は公娼制度を正当化する論理として使われることとなった。

公娼から「慰安婦」へ

日本軍は、「慰安婦」制度をつくった理由として次の四つを挙げている（吉見　一九九五）。

①戦地で日本軍の軍人・軍属が住民を強姦するのを防止するため。

②日本軍の軍人・軍属が戦地にある売春宿に通うと、衛生状態の悪さから性病が蔓延す

るため。
③戦場で劣悪な状況に置かれている軍人・軍属たちの不満を解消するため。
④軍人らが戦地・占領地の民間の売春宿に通って、その女性たちと深い関係になった場合の情報漏洩（スパイ）防止のため。

ここまでに見てきた性病については、外部との接触を断って慰安所のなかに抱え込めば性病防止ができるというのが軍医たちの発想であったが、前述の通り、これは失敗している。

戦地で新たに性病に感染した軍人・軍属は、軍中央が把握した数で、一九四二年に一万一九八三人、一九四三年に一万二五五七人、一九四四年に一万二五八七人と、少しずつ増えている（吉見　一九九五）。また、戦場で性病に感染するのは非常に不名誉なこととされたため、実際はこれよりはるかに多くの人が感染していたと思われる。

さて、この「慰安婦」について、公娼制度の下で働いていた女性たちであって、「慰安婦」＝「公娼」だから性奴隷ではないという、「慰安婦」被害の存在を否定する人々による代表的な主張がある。

たしかに、廃業の自由のない売春生活に付け込まれて「慰安婦」に募集された女性たちは存在した。たとえば、警察庁関係資料のなかに、一九三八年初頭、群馬、山形、高知、和歌山、茨城、宮城などの各県内で、神戸や大阪などの貸席業者たちが上海の陸軍特務機関から依頼されて、酌婦の女性たちが上海派遣軍内陸軍慰安所で働く日本軍「慰安婦」として集められていたことがわかる史料が残っている。彼等は前借金を支払って、女性たちを集めていた（女性のためのアジア平和国民基金　一九九七）。

あるいは、かつて慰安所担当軍医や慰安所係であった人々の手記からも、公娼制度の下の業者たちが慰安所設置や女性の徴集に協力していたことがわかる。たとえば、長澤（一九八三）や山田（一九七八）は、大阪や神戸の遊郭の業者やその関係者たちが、軍の命令を受けて漢口の慰安所に女性を連れて出店したことを明記している。なお、ここには慰安所経営者の経営方法に対して軍部が管理・監督をしていたことも明確に証言されている。

また、千田（一九七三）、城田（一九七一）など、「慰安婦」被害者女性の証言からも、娼妓・芸妓・酌婦などが軍によって徴集された事例がわかる。

吉見他編『「慰安婦」・強制・性奴隷：あなたの疑問に答えます』（御茶の水書房、二〇一四年）よると、貧困のため子どものころ東京の芸者置屋に三〇〇円の前借金で売られた山内馨子さんは、置屋の借金を軍が肩代わりしてくれると聞いて「慰安婦」になることを決めたという。彼女の借金はその時点で四〇〇〇円に上っており、返済の見込みがなかったからだという。「死んだら靖国神社に入れてもらえる」「お国のために役立てる」と考えたことも「慰安婦」徴集に応じた理由だった。

なお、実際には彼女たちは死んでも靖国神社には入れてもらえず、生きて帰ってくることができても「慰安婦」だった過去がわかると世間から蔑まれるという苦難の戦後を送ることになった。

このように、日本軍「慰安婦」制度と公娼制度は別物であるが、性奴隷制度という点で関係はあったということをはじめに明記しておく。

その上で、満州事変以降の中国における日本人街で公娼として働いていた女性たちがいたことを紹介する（倉橋　二〇一〇）。

倉橋によれば、国外に駐屯する将兵にとって、リフレッシュの一つとして、各種飲食店などでの飲食や「買春」は最大の楽しみであったという。また、売春婦たちにとっても、内地（日本国内）であれば三割である取り分が、外地（占領地）では四割だったことや、「一日一食」（夕食は客と一緒）の食事つきという条件も大きかっただろう。内地では一九五八年頃まで、娼妓たちの食事は原則的に自前だった。日本街には、彼女たちのためと思われる洋服店や呉服店、美容院などが多く存在したという。

この国外での待遇については、シベリア出兵が関係しているという説がある。日本は、ロシア革命を阻止しようとする英・仏の要請で、北満、シベリアの占領を目標に、一万二〇〇〇人の兵をシベリアへ送った。この時、日本軍の周囲に、「からゆきさん」だけではなく、他国の売春婦も日本軍の駐屯地に群がっていたとして、視察に来た前述の婦人団体矯風会が帰国後に政府に報告。その結果、全国の売春婦に「前借金の肩代わり」を持ちかけ、取り分も四割とするという条件で、彼女達をシベリアに送ったというのである（胡　二〇一八）。

いずれにしても、芸妓・娼妓・酌婦であった女性たちが、その苦しい境遇につけこまれて動員されたことに変わりはない。

誰が「慰安婦」となったか

一方、日本軍「慰安婦」にさせられた被害者の多くが、公娼制度や売買春とはなんの関係もない女性たちであった。「慰安婦」被害者たちは日本軍や日本軍に命令された業者たちによって、暴力や詐欺・人身売買などの方法で徴集され、慰安所で軍の管理下で性奴隷状態を強いられた。

戦地・占領地の日本軍部隊が慰安所の設置を決定すると、日本・朝鮮・台湾など「日本帝国」領土で「慰安婦」を集める時には、軍が業者を選定するか、内務省や総督府に業者の選定を依頼し、その業者に集めさせた。日本内地からは、警察による出国制限があったため、ここまでに述べたような、遊郭などに売られていた二一歳以上の女性がほとんどであった。

日本・台湾で集められた女性たちは軍用船で、朝鮮で集められた女性たちは汽車か軍用船で、中国・東南アジア・太平洋地域で集められた女性たちは、軍慰安所が現地にある場合はそのまま入れられ、ほかの戦地や占領地に送られる場合は軍用船で移送された。

村山・和田（二〇一四）によると、日本軍慰安所の設置は、一九三二年の第一次上海事変によって、戦火が上海に拡大した後、派遣された海軍陸戦隊の部隊が設置したものが最初だという。当時の動機についてここでは、占領地での中国人女性へのレイプ（強姦）事件により、中国人の「反日感情」が強まることを懸念したため、とある。なお、この日本軍慰安所を推進したのは、派遣軍参謀副長の岡村寧次とされている。

いずれのケースにおいても女性たちを集める方法は様々で、地元の有力者に要求して集めさせる場合も、軍が直接集める場合もあった。あるいは、軍が食糧や布などを与えたり、暴行・脅迫を用いて直接連行したりすることもあった。ここで特記しておきたいのは、従軍慰安所では、金銭のやり取りはなかったということだ。将兵は軍で支給された利用券とコンドームのみを持参した。「慰安婦」たちが直接金銭を受け取ることはなかった。

なお、地元の売春婦を徴集することもあったが、吉見（一九九五）は、日本軍が女性たちが自力ではとても戻れないようなはるか遠方に女性たちを運んだことも日本軍の一つの特徴だとしたうえで、「『売春婦』だったからといって（あるいは性の相手をすることをその女性が認識していたからといって）、その女性たちを日本軍『慰安婦』にしたこと自体が大きな問題であることは言うまでもありません（略）『売春婦』だったからといっても、国家管理の『強制売春』施設である軍慰安所に入れること自体が国家による人権侵害」である、としている。

私が従軍「慰安婦」だったという女性と出会ったのは、いまから二〇年ほど前だった。彼女は、当時の朝鮮、現在の韓国の生まれで、家が貧しく、父親と同年くらいの男性と結婚式を挙げることになった。それを悲しんで泣いていたところ、隣家の女性から「ちょっと遠いけれど、稼げる仕事があるよ」と言われて、結婚式の前夜、その女性に連れられて港近くの場所へ行った。そこには、彼女と同年齢と思われる女性が集められていた。そして、船に乗せられて着いたのが、日本軍の慰安所だったという。

「でも、私は日本軍の偉い人、将校だったかな。その人のオンリーというか、その他大勢を相手にすることはなかった（将校と一般兵士は、利用時間も相手をする慰安婦も異なっていた）。

戦争が終わって、実家へ帰るようにと言われたが、帰っても、叱られるかもしれない。そこで、実家へ帰りたくないと言ったら、私の相手の軍人さんが、では、一緒に日本の俺の家に行こう！　と言うので、一緒に九州の彼の家へ行った。でも、その家には、彼の奥さんがいたので、交通費だけもらって、大阪へ。大阪で働いて、年をとってからは千葉で暮らすようになったの」

彼女の話から、特定の将兵を相手にする「慰安婦」もいたことを知ったが、彼女のような待遇の「慰安婦」は少数であっただろうし、被害であることに変わりはない。
また、アジア太平洋戦争中、実際に太平洋の島で従軍慰安所の設置に関わったという元軍人から直接話を聞いたこともある。こちらも、二一世紀になったばかりの頃だった。私の仕事場がある鎌倉市で、当時、市会議員をされていた男性である。慰安所をつくるようにとの軍の命令で、駐屯する島の売春婦を集めたが、人数が揃わなかった。そのことを上官に報告すると、その後一艘の船が到着し、朝鮮人と思われる女性たちが上陸して来た。

「僕は実際の慰安所運営には関わっていないので、島に作られた慰安所がどのように運営されたか分からない。それに、僕は敗戦前に島を離れたので、彼女たちがその後、どうなったのかはわからない」

現地で敗戦を迎えた日本人の元「慰安婦」たちは、日本人居留者などとともに引き揚げ船などで帰国した（長沢　一九八三）。しかし、植民地出身女性たちは敗戦を知らされず、日本軍によって現地に置き去りにされ、①戦場に遺棄され、死亡したケース、②自力で帰国したケース、③望まないまま現地に残留したケースの三つに分かれたという（アクティブミュージアム「女たちの戦争と平和資料館」二〇一〇）。

島に残された朝鮮半島から連れてこられた女性たちは、戦後、無事に故郷へ帰還できただろうか。

いずれにしても、ここまで見てきたように、従軍「慰安婦」について日本軍の関与は否定できず、それが性奴隷制度であって、略奪や誘拐、人身売買などによる強制連行があったことは間違いがない。日本軍は、「慰安婦」移送のための手続きを円滑にするために「無料渡航証」や国外移動のための身分証明証を発行して、民間業者らにも便宜をはかったほか、「慰安婦」たちの性病チェックを日本軍の軍医が行ったという記録もある（吉見　一九九五）。

日本軍が創設・管理・運営した慰安所にアジア・太平洋諸国の女性たちが徴集され、軍人・軍属の相手をさせられたという事実を、なかったことにはできない。

韓国からの女子挺身隊

元「慰安婦」の方のお話を聞く時に思い起こされるのは、女子挺身隊として韓国から連れてこられた方々への取材である。

拙著『女子挺身隊の記録』執筆時の取材で、女子挺身隊として、韓国から静岡県に連れてこられた二人の女性から話を聞いたことがある。

彼女たちは当時一四歳。勤労女子挺身隊として、静岡県沼津市にあった紡績工場へ連れてこられた。

女子挺身隊は、一九四四年八月二三日に発令された、女子勤労挺身令によって創設された。労働力が不足した戦時下、軍需工場へ勤労動員された女性の団体を指す。

男性の召集令状が「赤紙」であるのに対して、女子挺身隊は「白紙」であった。主な対象は一四歳から四〇歳未満の「未婚」「未就学」「無職」の女性たちだった。その数は、厚生省作成の名簿によれば約五〇万名である。

私は、こうした元女子挺身隊だった女性たちを訪ねて、北は岩手県から南は沖縄、そして朝鮮半島まで、三年以上にわたって取材して歩いた。

一九九七年四月、前述の彼女たちには、二人が未払い賃金の請求と日本国からの公式謝罪を求めて韓国から静岡地方裁判所へ来られた際に、彼女たちを支援する会の協力でお会いすることができた。

当時、彼女たちが日本軍から受け取った「白紙」を持って役場へ行ったところ、同じように集まった中から選ばれて日本に渡ったということであった。

戦後、二人は韓国に帰国したが、家族からは女子挺身隊に動員されていたことを人に話さないようにと言われた。うち一人は、結婚後に女子挺身隊に行っていたことを理由に離婚されたと語った。

二人によれば、「慰安婦」だった女性は「特別女子挺身隊」と呼ばれたのだという。

二〇二一年一月八日、韓国・ソウル中央地方法院が、故人を含む元慰安婦の女性一二人が日本国を被告として損害賠償を求めた訴訟で、請求どおり一人当たり一億ウォン（約九五〇〇万円）の支払いを命じる判決を言い渡した。

韓国では二〇一三年頃から、元慰安婦や遺族ら被害者が〝最後の救済手段〟として、韓国の裁判所に日本国を相手として国家賠償を求める動きがあり、当初は調停事件として、次いで日本政府が調停事件に応じなかったために訴訟移行となって訴訟事件として、複数件係属していた(深草　二〇二一)。

原告の元「慰安婦」たちは、「慰安所から脱走したり、強制売春を拒否したりすると、暴力を受けたり、射殺されたりした」と証言している。

『週刊金曜日』(一三一六号)では、ソウル在住の研究者、吉方べき氏が「(原告が)求めているのは、然るべき救済措置」だとしているほか、原告の一人、李玉善さんも、「真実を認め、ほんとうの謝罪を一刻も早くしてほしい。その一点だけ」と語っている。次代を担う若者たちに、事実と彼女たちの思いを継承する必要があるだろう。

カストリ雑誌から

敗戦から五〇年にあたる一九九五年、私は『占領軍慰安所:国家による売春施設』(新評論)を上梓している。敗戦国である日本の政府が、戦勝国の連合軍兵士のために

「占領軍慰安所」を設置したという事実を追った記録である。

活字好きな少女であった私は、『少女の友』などの少女雑誌だけではなく、父親の書斎にあった『あまとりあ』、『りべらる』、『夫婦生活』、『赤と黒』などのカストリ雑誌（戦後、出版自由化を機に多数発行された大衆向け娯楽雑誌。エロ・グロなどが特徴で、戦前の言論弾圧で消滅したエロ・グロ・ナンセンスを引き継ぐ面もある）なども読んでいた。なお、カストリ雑誌は、当時出回っていた粗悪な密造焼酎「カストリ」と掛け、三号（三合）で廃刊になる雑誌を揶揄した名称でもあった。

当時、菊池寛編集の雑誌『りべらる』に、「特殊慰安婦」について書かれた記事（一九五四年一一月号）を見つけた。東京・大森海岸の「小町園」に勤める糸井しげ子という名の女性が書いた風の、「ニホン娘の防波堤」という記事である。中学三年生だった私には、衝撃的な内容だった。

私はそこで、一九四五年八月に日本政府が戦勝国の連合軍兵士のために日本政府が作った、占領軍慰安施設を知ったのである。

同じく『りべらる』（一九五三年一一月号）の水田譲による記事「日本の貞操への判決」には、占領軍の兵士による暴行（強姦のこと）について書かれており、そちらにも衝撃を受けた。そこには、品川駅付近での四歳の幼女への「黒人らしい兵士」による暴行（二センチの局部裂傷、三週間の重傷）などが列挙されていた。日本の当局者が勇を鼓して、この事件をはじめ類似行為について、（占領軍に）抗議に行ったところ、「『そんなことぐらい、なんだ。君たちはマニラで何をしてきたというんだ』と、にべもなく、はねつけられたことがあった」という。

その後私は、広田和子著『証言記録従軍慰安婦・看護婦：戦場に生きた女の慟哭』や金一勉著『軍隊慰安婦：戦争と人間の記録』などが刊行されると、むさぼるように読んだ。

また、占領軍慰安施設と、特殊慰安施設協会（RAA）に関する書籍にも目を光らせてきた。代表的なところでは、ドウス昌代著『敗者の贈物』（講談社、一九九五年）、小林大治郎、村瀬明共著『国家売春命令物語：みんなは知らない』（雄山閣、一九七一年）、五島勉著『黒い春：米軍・パンパン・女たちの戦後』（倒語社、一九八五年）などである。ドウス氏の著書は、後に『マッカーサーの二つの帽子』と改名されている。

特殊慰安施設協会（RAA）について本格的に資料調べと取材を開始したのは、一九八〇年代半ばからだった。

最初はやはり、国会図書館で当時の新聞や雑誌などを読むことから始めた。私の胸深くにある中学生の時に読んだ雑誌『りべらる』も、ここであらためて探した。大宅壮一文庫（東京都世田谷区）で見つけた時は、「あった、あった」と心の中で叫んだ。また、国会図書館の職員は、私がＲＡＡについて調べているのを知ってか、「その資料なら、東京大学の社会科学研究所の資料室にもあると思いますよ」と教えてくれた。

東京大学社会科学研究所の資料室では、各県の警察署史を見るとよいと教えてもらった。

私にとって、この各県の警察署史は本当に役に立った。そこで、私が住む神奈川県は、マッカーサーが厚木飛行場へ降り立ったこともあり、全国で最初に占領軍慰安施設が設立されたところであると知った。その後私は、警察署史を手に全国の占領軍慰安施設跡を巡る取材に出かけることになった。

また、当時藤沢簡易裁判所で民事調停委員をしていた関係で、藤沢市文書館の細井守氏から、藤沢市の敗戦後の歴史に詳しい佐川伸一氏を紹介いただいた。佐川氏は、当時の藤沢駅前の「藤沢新地」と呼ばれる遊郭に置かれた占領軍慰安所の様子を絵に描きながら、取材に応えてくださった。また、佐川氏には、東京のＲＡＡの情報課長であった鏑木清一氏が江の島（藤沢市）の病院に入院中だということも教えていただいた。それぞれ、大変幸運なことであった。江の島の海が見える病院には何度も足を運び、鏑木氏からRAAに関する貴重なお話を聞き、資料をいただくことができた。

その後雑誌『状況と主体』（谷沢書房）での一九九四年九月～一九九五年五月号までの連載を経て、『占領軍慰安所：国家による売春施設』は刊行に至った。

当時の取材や資料を元に、本書でも占領軍慰安施設について触れておきたい。

国策としての占領軍慰安所

敗戦後、日本政府は一九四五年八月一八日に特殊慰安施設協会（RAA）の設置を指示する。これは、占領軍兵士らへの売春を目的とした施設であり、政府はこれに対して資金の貸付を行うなど、積極的な関与を見せている。驚くべきことに、政府は敗戦からわずか三日後に施設の設置を各庁府県に指示している。まずは、一九四五年八月一五日に日本がポツダム宣言を受諾して以降の流れを追ってみたい。

●八月一五日　鈴木貫太郎内閣総辞職

敗戦を知った者の間では「男は去勢されて強制労働、女は慰安婦にされる」という噂が飛びかう。日本軍が戦時中、中国、朝鮮半島、フイリピンなどでやってきたことの裏返しであろう。なお、神奈川県庁や横浜市役所では女性職員に退職金が支払われている。

●八月一六日

東京の上野駅や新宿駅は戦時中の疎開騒ぎのような混乱をきたした。特に横浜市では、戦時中より戦後の疎開者の方が多かった。

●八月一七日

天皇が指名した敗戦処理内閣である東久邇宮内閣の役割は、これら国民の動揺を抑えることにあった。また、不穏な動きを見せる陸海軍を抑えるために、山崎巌内務大臣が起用された。山崎は、戦時下、治安維持・思想弾圧の中心的人物だった。

なお、山崎はその後、政治犯釈放に反対し、「天皇制に反対する者は共産主義者であるから今後も治安維持法によって逮捕する」と国体の擁護と同法の維持を主張し、GHQの「自由の指令」と対立する形になり罷免、公職追放となっている。

●八月一八日

橋本政実内務省警保局長の名で、各庁府県長官に「外国軍駐屯地における慰安施設の設置に関する内務省警保局長通牒（無電）」が出され、各庁府県の警察署長にも、性的慰安施設、飲食施設、娯楽場を設置について、すべての県に占領軍が駐屯するとは限らないが、いまから内々にその手はずをしておくようにとの要請がなされる。また、「慰安所の設立は、日本女性を護る目的であることを人々に理解させるように」という趣旨の言葉もある。このことから、占領軍慰安施設はのちに「日本女性の性の防波堤」と言われるようになった。

「通達『外国駐屯軍慰安施設等整備要領』

一、外国駐屯軍に対する営業行為は、一定の地域を限定して従来の取締標準にかかわらず、これを許可するものとす。

二、前項の区域は、警察署長に於いて之を設定するものとし、日本人の施設利用は、之を禁ずるものとす。

三、警察署長は、左の営業に付いては、積極的に指導を行い、設備の急速充実を図るものとす。

性的慰安施設
飲食施設
娯楽場
四、営業に必要なる婦女子は、芸妓・公私娼妓・女給・常習密売淫犯を優先的に之に充足するものとす」

『R・A・A協会沿革誌』によれば、その日、占領軍の先遣部隊が厚木飛行場に八月二六日に（台風のため二八日に延期）に到着するのを受けて、まず、警視庁保安課から東京料理飲食業組合に声がかかった。組合長と総務部長がかけつけると、警視庁の保安課長が「幾分青ざめた面持で、一部命令する如く、一部哀願する如き語調」で、戦勝軍（連合軍）側からの要求として、次のように述べたという。

「近く進駐して来る連合国軍の将兵を慰安する為に、各種の施設を作ることを閣議で決定したのである。政府は出来るだけ応援するから、是非民間でやってもらいたいとのことであった。（略）当時はいろんなデマが八方に飛んでゐた際で、婦女子は大部分地方に避難させるし、男子は重労働を強制されるといふので、どんどん地方へ疎開するといふ時であったので、敗戦後このように乱れた治安を復興し、四千万大和撫子の純血を護るためには、是非共必要であることを両氏は直感し（略）国家の要請に応へようと決意のほどを答へた」

以上のように、占領軍の兵士を慰安するための施設設立の案は、警視庁ではなく、閣議決定によるものであった。

この占領軍慰安施設作りの構想の背景には、兵士が女性を暴行するに違いないのだから売春婦が必要であるという意識がある。この前提には、戦時中に日本軍が占領地域で現地の女性を暴行していたという事実があるのではないだろうか。また、「四千万大和撫子」を守るためには売春婦の女性たちを差し出しても構わないという考えがある。

また、外国人来訪の折には、「女性」で接待するというこの国の風習も否定できない。江戸時代には、長崎の出島まで、オランダ人のために遊女を送り込んでいる。開国時にも、外国人専用の「らしゃめん」と呼ばれた遊女たちがその役割を担った。

●八月二一日

高乗保安課長は東京料理飲食業組合、全国芸妓屋同盟東京支部連合会、東京待合業組合連合会、東京都貸座敷組合、東京接待業組合連合会、東京慰安所連合会、東京練技場組合連盟などを集め、資金援助は十分するから表向きは自主的にやって欲しいと命じた。

これらの組織は戦時中に合同した料理屋業を中心とする花街関係者やサービス業の代表者たちであった。彼等が施設を作り、実際に売春をする女性たちを集め、政府がその施設に対して資金を貸し付けることで支援するという形で、占領軍慰安施設は構築されたのである。

●八月二三日

右記のような参加団体と警視庁で「特殊慰安施設協会」が設立される。名称は、一か月後にＲＡＡ（Recreation and Amusement Association）とあらためられる。

●八月二八日

特殊慰安施設協会の発会式が皇居前広場で行われる。

この発会式に反対を唱えて乱入した人物がいた。半村（一九九七）によると、五代伊兵衛という広島の〝女郎屋のおやじ〟で、戦時中、中国へ侵攻した日本軍や政治家とも親交があった人物である。

五代は、戦時中の日本軍による中国での振る舞いを知っていたので、国策である特殊慰安施設は日本女性を犠牲にするとして異議を申し立てたのである。五代は逮捕されて、翌年の春まで拘留されている。

この特殊慰安施設の資金は、当時の金額で一億円。現在の金額では五〇〇〇億円ほどになる。この融資は、日本勧業銀行が大蔵省貯金部を通して行っている。この時、半額の五〇〇〇万円を協会へ持参したのは、当時大蔵省の主計局長だった池田勇人（後の総理大臣）であった。まさに国家的事業であった。

戦後の「慰安婦」たち

ＲＡＡは、特殊慰安施設で働く「慰安婦」募集のために、吉原をはじめとする遊郭で働いていた女性たちを東京に呼び戻すことから始めた。東北地方出身者が多かったため、「汽車賃の無料」といった新聞広告が出された。

当時の娼妓約一万三〇〇〇人のうち、一万一〇〇〇人が最終的には占領軍「慰安婦」

になったという。疎開先などでもさげすまれ、苦難の日々を送っていた女性たちである。

だが、約一二万といわれた上陸予定の進駐軍の数を前に、さらに「慰安婦」を募集する必要があった。ＲＡＡは、銀座に次のような大看板を出している。

「新日本女性に告ぐ。戦後処理の国家的緊急施設の一端として、進駐軍慰安の大事業に参加する、新日本女性の率先協力を求む。年齢一八歳以上三五歳まで。宿舎、衣服、食料など全部支給」

また、朝日新聞などにも、八月二八日から三一日まで、次のような広告が出た。

「急告
特別女子従業員募集
衣食住及高級支給
前借ニモ応ズ
地方ヨリノ応募者ニハ旅費ヲ支給ス

東京都京橋区銀座七ノ一　特殊慰安施設協会　電話番号銀座九一九二二八二番」

この広告を見て、食料や住む家をなくした女性たちは、「新日本女性」の言葉に魅かれて、銀座の服部時計店前の事務所に長蛇の列を作った。

私が直接に聞いたRAAの情報課長であった鏑木清一さんは、自著『秘録進駐軍慰安作戦：昭和のお吉たち』でも触れていたように、次のようにお話された。

「誰がつけたかわからないが〝新日本女性〟とは、よくつけたもので。宿舎、被服、食料、当座の貴重品すべて提供の文字を見て、まさか慰安婦にされるとは知らずに、応募し、飛び込んだ女性が多かった。

翌日出社して応募受付風景を眺めると、多くの女性は処女だった。事務員だと思って来た女性も、もう接待の仕事しか残っていないと言われて、肩を落として控室へ消えていった。今から考えると、酷いことをしたもんですよ」

こうして、RAAは八月二八日までに約一四〇〇名の女性を確保して、各地のキャバレー、ダンスホール、ビヤホール、そして慰安所に配置している。

前述した、私が中学生の時に読んだという『りべらる』には、次のように書かれていた。

「ひどい目にあったのは、募集で集まってきた女の人でしょう。みんな、素人の娘さんたちなのです。後に応援に来たひとは玄人の女性もいましたが、はじめに小町園へきたひとたちは、みんな素人の娘さんたちでした。（略）たちまち別人のようになって、食事もろくに取れず、腰のぬけた別人のようになってしまう人が多かったです。（略）どこの部屋からも、叫び声と笑い声と、女たちの嗚咽が聞こえてきました」

鏑木さんも、次のように話されていた。

「無理はないですよね。初日から自殺者が出てね。京浜急行に飛び込んだ女性もいましたよ」

進駐軍が最初に日本に上陸した神奈川の様子を見てみたい。

神奈川県には、日本が開港する際、横浜港を「品川」と見せかけるために、ペリー総監を「横浜に止めおけ」という命令の下、急遽横浜港を埋め立てた歴史がある。

この時も、「らしゃめん女郎」と呼ばれた、外国人相手の女性を急遽集めた。その際埋め立てられた地域を「関内」と呼び、遊郭を「港埼遊郭」と呼んだ。だが、外国人の相手をする遊女がなかなか集まらなかったので、神奈川県内の、特に武蔵・相模の国の被差別部落出身の女性が集められたという歴史がある。

アジア太平洋戦争の敗戦時においても、「横浜に（進駐軍）を止め置け」という日本政府からの命令があり、横浜は「性の防波堤基地」としての役割を求められることとなった。

『神奈川県警察史』（下巻）を参考に、その流れを追ってみたい。

●八月一八日
「進駐軍慰安施設設備について用意されたし」という警保局長からの無電を受けた神奈川県は、警察部保安課がすべての機能をもってこれに取り組むことになった。

●八月二一日
市内の公娼、私娼業者を保安課に招集し、設営方針を説明して協力を求める。
●八月二二日
横浜市中区のバンドホテルを整備して、前期業者の合同経営方針を計画するが、宿舎になるため、計画を変更。
●八月二五日
中区山下町の高級アパート互楽荘を借用して、前記の方針で準備を始める。
●八月二七日
衣類や寝具、それに化粧品などについて、保安課が県に交渉して準備をさせる。
●八月二八日
「慰安婦」たちを、この日から互楽荘に合宿させる。
●八月三〇日
何千という兵隊が互楽荘に列をなす。

当時、互楽荘の様子を見た市民の一人である、横浜の書店・有隣堂社長の松信氏は、当時の様子についてこう語る（『ヨコハマ・コレクション』一九九三年七月号）。

「その頃の最新鋭のアパートで、あんな立派なアパートは東京にもありませんでした。（略）山下町にあったのですが、戦後内閣の命令で進駐軍の慰安所にしたのです。黒人兵がイヤだと言った女性が裸のまま逃げ出すと、ピストルで撃ち殺したりしたわけです。互楽荘は、軍の餌食の舞台になったわけです」

また、「女の取り合いで、兵隊同士のけんかが絶えず、無力な日本の警察の手では、とても収拾がつかなかった」という。そこで、神奈川県警は、九月二日には県合同経営を廃止して、横浜、横須賀、藤沢小田原、秦野、等々でそれぞれ慰安所を開設せよと指示したのである。

横浜市保土ヶ谷区に隣接したに西区浅間町にあった「新天地私娼町」と、藤沢の「藤沢新地」の関係者に話を聞くことができた。

「新天地私娼町」についてお話を聞くことができたのは、慰安所経営者の娘さんだった。

「このあたりで、一九四五年五月の横浜大空襲で焼け残ったのは四軒だけ。でも、警察の手配なのか、県の木材組合から材木が運ばれてきて、突貫工事で建物が建てられたし、ベッドや衣類が整備されました。

女の人はすぐに集まりましたよ。『新天地』は、海軍の方の利用施設になっていたので、そのままの人もいましたし、人生これまでという人が飛び込んで来たりもして。

あの当時、女の人も生きていくのが大変だったから。

米兵は、黒人と寝た女の人は黒人専門っていうようでしたね。

私は、ミッション・スクールへ行っていて少し英語ができたので、受付で米兵から赤ドル（軍票）をもらって、中区にあった銀行へ行って両替してもらったりしていました」

藤沢駅の西側にあった「藤沢新地」のあるあたりは、戦時中空襲がなかったので、それまでの遊郭がそのまま占領軍の慰安所となった。

当時の様子を、佐川伸一氏が次のように話された。

「慰安所として開店したのは、九月の中旬。新地の周りには『オフリミット』（日本人立ち入り禁止）と書かれた看板があって、周囲には塀が作られて、ＭＰ（憲兵）が銃を持って立っていた。

慰安所だったのは八軒。推定で、一軒当たり八人くらいの女性がいたかな。四〇人前後が、一日四五〇人から六〇〇人程度の米兵の相手をしていたと聞いた」

佐川氏によれば、「戦後、米兵の相手をした女性は、玉ノ井からきた人が多かったですよ」とのことであった。東京の私娼窟だった玉ノ井から娼妓を連れてきて開業した業者もいたのだろう。

では、神奈川県は果たして「性の防波堤」になったのだろうか。

当時、占領軍兵士による事件についての報道は許されていなかった。

ＧＨＱは、一九四五年九月一九日に「日本に与える新聞遵則に関する覚書」を日本政府に発していた。通称、プレス・コードである。同月一〇日には、「言論および新聞の自由に関する覚書」として、占領下の日本のマス・メディアの一般的な行動基準を示し、事後検閲を開始しているが、プレス・コードはその行動基準を新聞、出版についてより具体的に示したものであった。

　これにより、占領軍に関する報道は制限され、検閲が開始された。これに反すると、発行停止の処分を受けた。よって、占領軍に都合の悪い記事、たとえば占領軍による「婦女子への強姦」や「男子への暴行」などの報道は消し去られた。

　日本基督教団神奈川教区女性差別問題特別委員会作成の「神奈川・米兵による女性への犯罪（一九四五年八月～二〇一八年一二月）」によると、一九四五年八月から一二月までの強姦、強姦未遂事件は、判明しているだけで、五〇件以上あるとされる。なお、神奈川県は沖縄県に次いで米軍基地が多い県なので、その後も現在にいたるまで、米兵による性犯罪は続いている。

　そんな、当時報道されなかった事件について、被害女子児童の担任教師であった篠田さんという方から聞いたお話を紹介したい。

　一九四六年一月二九日、横浜市中区の小学校へ通う五年生の女子生徒が、米軍基地のフェンス外の道路で、米軍兵士と思われる男性から強姦されて殺害される事件が起こった。

「髪の毛がくるくるしていて、みんなからキューピーちゃんと呼ばれていた可愛い女の子だった。夕方の出来事だったようで、彼女のキャーという声を聞いても、誰も救いに行けなかったのね。頭は石で殴られたのか、ぐちゃぐちゃだったそうよ。お葬式にも、担任の私一人しか出席できなかった。今でも、彼女の同窓会に出ると、みんなキューピーちゃんの話をする」

この話を聞いてから、三〇年も経つが、忘れられないエピソードである。

一方、日本が占領していた中国やアジアでも、同様の強姦事件は起きなかっただろうか。戦争で犠牲になるのは、いつも弱い立場の女性や子どもたちである。

その後、私は九州の長崎市と佐世保市にも足を運んだ。

長崎では、戦前まで丸山遊郭だった地域で、当時のことを聞いた。

地元の人によれば、「当時は黒人差別があったからでしょう。黒人兵は丸山地区の下半分、白人兵は上半分と決まっていましたよ」とのことであった。

佐世保市役所による『佐世保市七十年史』によると、占領軍がこの地に上陸したのは、一九四五年九月一三日であった。佐世保湾は広くて深いことから、日本海軍の機雷を危ぶんだのか、掃海作業に時間を要したために上陸に時間を要したとのことである。佐世保市も市民に対して「家財道具をまとめて、女子どもを連れて疎開するように」と通達を出していたが、その間に、売春業者が娼妓を連れてやって来て、民間の慰安所が設置されたとのことだった。

佐世保市のように進駐軍の占領が遅れた地域では、民間による慰安所が作られたケースが多かった。

一枚の写真とRAAの閉鎖

日本政府による各地施設は、思いもかけぬ一枚の写真から、翌年一九四六年三月には閉鎖されることとなった。それは、日本で撮影された一枚の「慰安所に群がる兵士たち」の写真であった。

日本で撮影された占領軍慰安施設の写真が閉鎖のきっかけだったということは知ってはいたが、撮影されたのが神奈川県横須賀市の慰安所だとは知らなかった。そして、まさか、その写真が私のもとにやってくるとは……。その経緯について記しておきたい。

前述の通り、横須賀市はアメリカ軍をはじめとする進駐軍が最初に上陸した土地である。

一九四五年八月三〇日、艦載機が追浜航空隊基地に、軍艦が横須賀海兵団基地に、同時に上陸した。

日を追って占領軍の数は増え、港は星条旗を掲げたアメリカ海軍の軍艦で埋め尽くされる。旧武山海兵団は、アメリカ陸軍部隊第八軍騎兵旅団によって占領された。

横須賀市でも他県同様、当時の山本警察署長を先頭に「進駐軍特殊慰安施設」の設置に取り組んでいる。

まず、日ノ出町の海軍行員宿舎（五棟、二〇八室）に、組合接客婦（娼妓）一七〇名を出張させて、占領軍慰安所とした。そして、九月三〇日までに、安浦、柏木田、皆ケ作私娼街を、それぞれ占領軍慰安所とした。

私が横須賀市へと取材に訪れたのは、一九九四年。横須賀市役所元職員の菱沼利夫氏は、当時、日ノ出町の海軍行員宿舎を占領軍慰安所にするために、上役の命令の下で働いたという一人である。

「大変でしたよ。短期間にベッドなどを用意したのですから。

だけど、占領軍慰安所が閉鎖されたきっかけは、この日の出町の慰安所に群がる兵士たちを撮影した写真だったのですよ。

用意した慰安所は、次の年のはじめに閉鎖ということになったので、僕ら職員はコンドームが散らかっている部屋を掃除しました。

そして、市役所の本庁舎が狭くなったので、そこを分庁舎として使ったのです」


その後、私は菱沼氏に連れられて市役所の資料室へ。そこには、撮影したアメリカ人から贈呈されたものだという「安浦ハウス」の写真が収蔵されているという。その写真のコピーを私の元へ送るよう、職員に頼んでくださった。

数日後に送られて来たのが、「安浦ハウスに群がる兵士たち」の写真だった。門の看板の文字は、「WELCOME　YASUURAHOUSE」（安浦ハウス）と読める。写真を撮ったのは、ジャーナリストのハリー・フリードマン氏である。彼は、米海軍の技術士官として、旧日本海軍に関する技術調査を命じられ、一九四五年九月か

安浦ハウスを撮影した写真

ら三か月間、長崎の佐世保基地、横須賀基地などをまわって、その様子を写真に収めた。この写真は、彼が一九八四年に横須賀市を訪れた際、寄贈したものであるという。

この安浦ハウスを映した写真は、彼の帰国後、『ニューヨークタイムズ』に掲載された。そして、この写真を見たアメリカの女性団体や宗教団体などからの抗議が相次いだという。現地の新聞に載った際の写真の見出しは、「あなたの夫や兄弟が！」というものだった。

その他、GHQ兵士の中で性病が蔓延したことも閉鎖の理由だった（河西　二〇一四）というが、いずれにしても国策であったRAAは、アメリカの女性たちの声をきっかけに、比較的短期間で頓挫することとなった。

廃娼運動に邁進した女性団体として矯風会を紹介したが、もう少し詳しく、日本の女性団体の戦前から戦後の動きも見てみたい。

国防婦人会

戦争（アジア太平洋戦争）と婦人団体といえば、「国防婦人会」と思われる方も多いだろう。ここではまず、大阪で誕生した国防婦人会について見てみたい。

国防婦人会設立まで、全国的な婦人団体といえば、皇族を名誉総裁とした「愛国婦人会」が主であった。

国防婦人会に特徴的なのは、特定な目的を持ったそれまでの団体とは異なり、出征する兵士たちへの「母親のような接待」を活動の柱に据えた、一般の主婦たちが誰でも参加できる団体であったことである。

真偽のほどはわからないが、国防婦人会に関する一つのエピソードがある。大阪から唯一満州出兵に参加した井上清一中尉の新婚の妻であった千代子夫人が、夫の出征に後顧の憂いがないようにと自刃したというのである。これは「軍国の美談」として「流行」した。千代子夫人は、大阪で国防婦人会を立ち上げた安田せいの姪であるともいわれている。

安田せい（一八八七〜一九五二年）は、大阪港近くで夫と町工場を経営していた。満州事変後、大阪港から上海へ出兵していく若い兵士たちに彼女が「お茶の接待」をして、兵士たちを励ましたことが、国防婦人会の誕生だとされている。また、多くの兵士が急の召集で、お守り札も持っていなかったことから、千人針を持って寒い街頭に立ったことから、彼女は「兵隊ばあさん」と呼ばれて新聞記事にも載った。

千人針とは、弾が当たっても死なないようにと、木綿の布に、多くの人たちに糸結びを縫ってもらったお守りである。だが、敗戦間際には木綿の不足と、戦地でシラミの卵が巣くうことから廃止になった。

普段の服装にカッポウ着を羽織るだけという国防婦人会の気軽な「制服」とセンセーショナルな新聞報道により、この運動は多くの主婦を巻き込んでいった。

一九三二年三月二二日付『大阪朝日新聞』には、次のような見出しと、かっぽう着姿の女性の写真が出ている。「全国民的な愛国運動　台所から街頭へ」、「高射砲型の募金

筒を据え　家庭婦人が活躍」。この「高射砲型」の募金箱も、安田せいの考案とされる。

家庭婦人は「家」（台所）を守るのが仕事と言われてきたのを、主婦も「お国のために」、街頭へ出るよう推奨される時代を迎えたということである。これもある側面から見れば、女性の「社会参加」であった。もちろん、国や男性のための、であるが。

国防婦人会が芸娼妓らと関わったエピソードが残っている。

一九三七年一二月三日、国防婦人会関西本部の発会式が予定されていた。会場となった公会堂には来賓として南次郎（前陸相）や本庄繁大将（前関東軍司令官）の列席が予定されていたが、会員の多くが一般の主婦であったため、会員の出席のほうがおぼつかない事態となった。

そこで席を埋めたのが、駆け付けた大阪の芸妓連一五〇人だった。彼女たちも和服の上に白いかっぽう着を羽織って会員席に着いたのである。彼女たちに出席を依頼したのは、大阪の軍部と新聞社だったという。

国防婦人会はその後、一九三八年には満州支部を持つまでに成長し、太平洋戦争の勃発後には、国防婦人会と愛国婦人会、婦人連合会がそれぞれの団体を解散して、一九四二年二月二日に「大日本婦人会」が新たに発足した。

この三団体の解散については、最後まで国防婦人会が抵抗したとされるが、政党や諸団体が解散された大政翼賛会の誕生に次いで、婦人団体も一つになっていった。

大日本婦人会の総裁は、皇族妃殿下とされた。

会の目的は、「高度国防国家体制に即応するため、皇国伝統の婦道に即り、修身斉家奉公の実を挙ぐる」としている。

驚くことに、参加者の中には戦後日本の民主化に尽力した女性運動家の名前が見られる。吉岡弥生、井上秀、安井哲などである。理事としては、羽仁説子、鮎貝ひで、河崎ナツ、山高しげり、村岡花子らが名前を連ねる。戦後、自らの「戦争協力」について、彼女たちはどのような戦争責任を感じたのだろうか。

愛国婦人会

愛国婦人会が女中不足~昭和恐慌の時代、出稼ぎのために上京した女性とどのように関わりがあったのか、すでに前述した通りである。

ここでは、嶽本（二〇一五）を参考に、愛国婦人会の設立者である奥村五百子の芸娼妓観について少しだけ紹介したい。

愛国婦人会は会運営の中心を皇族や上流階級婦人らが占めていたことで知られるが、奥村五百子の全国遊説もあって、たちまち日本一の婦人団体となった。会費さえ払えば誰でも会員になれる仕組みで、佐治（一九七八）によれば、「女工や左官の女房など下層の人々もまた会員となって」いて、その入会や苦労して寄付金を出す様は美談として「会員の士気を高める役割」を果たしたとのことである。

一方、愛国婦人会は設立当初から国内外の日本人娼婦を入会させようと働きかけていたが、そちらの是非については内外からの不興があった。

愛国婦人会の機関紙である『婦女新聞』（一九〇四年八月一日付）に、「芸妓が盛装して停車場に兵士を送迎するは勝手」だけれども、「誠意の団体たる婦人会の徽章を利用するは、決して其会の神聖を保つ所以にあらざるなり」と述べられている。続けて、「京都祇園芸妓数十名愛国婦人会京都支部に入会し二尾清掃して七條停車場通過の傷病兵を見送るため会員中にはこれを迷惑に感ずるもの多く排斥の声盛なりといふ」と具体的状況が綴られている。

これに対し、愛国婦人会は同年八月二〇日付の、同じく機関誌『愛国婦人』において、奥村五百子の言葉を紹介している。

「京都には芸妓問題と云ふやかましい問題が出来て居る。（略）元来本会は国恩に報ゆる為に建てた会であるから、日本婦人は仮令ひとならうと云ふには少しも拒む理由はない。会員にしてよろしいのである。（略）芸娼妓の子でも兵役に服する義務があッて人詩句国家に尽くして居るではないか。芸娼妓でも日本婦人であるからには其本名を名乗ッて入会するのは差支えない。（略）今日の場合は国民の内で彼是を争って居る場合ではない」

なお、当時借金を背負って働かされていた年季中の芸娼妓たちの出産は許されておらず、妊娠した場合には強制的に堕胎させられていたため、奥村のいう「芸娼妓の子」というのは、年季明けの芸娼妓が通常社会へ戻って結婚するという意識からの言葉かもしれない（嶽本　二〇一五）。

いずれにしても、奥村は、将来の日本兵となる子を産む存在である女性は皆等しく「日本婦人」であり、そのように国家に尽くしている限りは愛国婦人会の会員になっても良いという考えなのであった。「通常社会」から隔絶され、「下層の人々」からも蔑まれる存在であった芸娼妓を「国民化」したという意味で、愛国婦人会の存在は特異なものであった。

新婦人会

ここまで、女性の社会参加が銃後の女として戦争を支えるという意味で用いられてきた例を挙げる形となったが、ここではより広い意味での女性の社会参加実現のために、大政翼賛会に所属して、戦後、公職追放を受けた女性と彼女が立ち上げた団体を紹介する。

市川房江（一八九三〜一九八一年）は、女性の権利を守るためには、男性と同じように「参政権」が必要であるとして、一九一九年に平塚らいてうと一緒に日本初の婦人団体、新婦人会を立ち上げて、女性の結社の自由を禁止していた治安警察法第五条の改正を求める運動を開始した。

その後、一九二四年には「婦人参政権獲得既成同盟会」を結成。一九二五年に男子普通選挙法が成立して以後は、同会を婦選獲得同盟とした。

彼女たちは、戦争協力の姿勢を見せることで、婦人参政権が得られるのではないかと、一九四〇年に婦選獲得同盟を解散して、婦人時局研究会を結成している。銃後の女を演じてみせているという点で、他の二団体とは別の性格を持っていることがわかる。

婦人時局研究会はその後、大政翼賛会へと組み込まれていった。

戦後においても、一九四五年八月二五日に、山高しげり、赤松常子、久布白落実らと、戦後対策婦人委員会を立ち上げ、婦人参政権の必要を政府や各政党に要求している。GHQの後押しもあって、一二月一七日に婦人参政権が実現した。

だが、市川房江は、大政翼賛会に所属していたという理由で、一九四七年から一九五〇年の三年間、公職追放で選挙には立候補できなかった。一九五三年の第三回参議院選挙で当選して以降は、亡くなるまで女性政治家として活躍している。

戦後、同会出身者としては、日本子どもを守る会の会長として活躍した羽仁説子や、国防婦人会の幹部で、戦後初めての女性閣僚になった中山マサ（一八九一～一九七五年）等々が知られる。

アジア太平洋戦争に「協力」して、あるいは「利用」して、戦後も政治の中枢に居続けた女性の政治家たちが多く存在したのである。女性が社会の中で立場を得て、まして抗議の声を挙げるのはあまりに難しい時代であった。戦後の特殊慰安施設等に対して、女性団体等からの反対の意見が見当たらないのも、仕方のないことなのだろうか。

日本キリスト教婦人矯風会

最後に、前述の通り「廃娼運動」を長年にわたって活動の柱にしてきた日本キリスト教矯風会について、『日本キリスト教矯風会百年史』（ドメス出版、一九八六年）から詳しく見てみたい。

矯風会は、アメリカから来日した禁酒運動家の影響を受けて、一八八六年に八嶋楫子を会頭として誕生した。元を辿れば禁酒を求めた運動を原点とした女性解放運動としての色が濃かったが、八嶋が夫から性病をうつされたのをきっかけに、妾や公娼の廃止にも取り組むようになる。「一夫一婦制の請願」については、一八九八年に成立した民法「重婚の禁止」にも大きな働きをしている。

また、廃娼運動のなかでも女性たちの保護施設の運営に特に力を注いだのが、矯風会であった。たとえ遊郭を離れることができたとしても、次の仕事がなければ、再び遊郭に戻らざるをえない。そのため、廃業した女性たちの衣食住を保証し、読み書きのほかに裁縫や手仕事を教え、自活手段を身につけるようにする施設がつくられたのである（山家　二〇一五）。

矯風会による廃娼運動の始まりは、一九一七年であった。この年、横浜の貧しい家庭の少女が下女奉公にでたところ、悪徳周旋業者に何回も斡旋されて、最後には娼妓にされてしまった。母親からの訴えで、矯風会に救出される事件が起こった。

矯風会は周旋屋と料理屋の主人を相手に、「貞操蹂躙」の訴訟を起こした（三沢千代事件）が、五年にわたった裁判闘争は敗訴に終わった。矯風会は、国際連盟から送られた「婦女児童売買に関する法律案」を国会に提出したが、世論の賛成にもかかわらず、これも国会で否決されることとなった。

矯風会が「在外売淫婦取締法制定に関する請願」に取り組んでいたこと、シベリア出兵の際に現地を視察したことは前述の通りである。

アメリカの女性から「アメリカ兵たちが、日本の売春婦からの誘いで困っている」という手紙を受け取り、極寒のウラジオストックに派遣された矯風会会員が見たのは、膨れ上がった避難民と、売春婦たちであった。当時の在留邦人が約五〇〇〇人であるのに対し、売春婦は八〇〇人から一〇〇〇人ほど。彼女たちの一番の客は、アメリカ兵であった。

視察後、矯風会はシベリア委員会を、「海外醜業婦防止会」に改名し、国会にも「公娼制廃止」を働き掛けるが、採択されたのは、一九二一年の外国醜業婦取締法のみであった。

なお、矯風会が用いたこの「醜業婦」という言葉について、日本のフェミニズムを牽引した一人である与謝野晶子は、雑誌『太陽』の連載コラムで次のように抗議している。

「醜業婦もまた我々と異なることのない一個の日本国民である以上、大典を祝する感情に我々と等差のある筈がない。（略）私は八島女史等の如く芸妓に向って頻に『醜業婦』の賤称を下すことを好まない。たとい裏面には売淫の行為があるにしても、彼等の全部がその行為をなすものではなく、固より彼等は表面に芸妓を業として居るのであり、裏面の醜業を恥じても居るのであるから、我々はできるだけあばかぬことを以て直しとしたい」

これは、一九一五年の大正天皇即位の大典に、皇族、旧華族の令嬢たち、大臣夫人たちと並んで芸妓たちが準主役的な扱いで行列をなすとの決定に対して、矯風会が「公会の席上に醜業婦を侍せしめざること、その他すべて風俗を紊乱(びんらん)する行動の取締を厳重にせられんことを其筋に請願する」として抗議したことへの批判である。

山家（二〇一五）は、与謝野の他の論旨も紹介しながら、彼女が売春を経済的な問題として捉えており、売春せざるをえない状況にある女性の側を批難するのは間違っていると主張し、「強者たる『敗徳男子』をまず批判せよ」としていることから、「買春」という言葉を実践的に使い始めた現代のフェミニズムの視点と共通するものがあると指摘している。

言葉の捉え方に微妙な違いがあるものの、伊藤野枝も「醜業」という言葉に込められた、芸妓や娼妓の側に罪を押し付ける運動に異議を唱えていた。二人とも、廃娼運動家の主張の背景にある男性中心的な価値観への問題提起を行ったといえる。

さて、アジア太平洋戦争下の矯風会についても、ひきつづき『日本キリスト教矯風会百年史』から見てみよう。

一九三一年の柳条湖事件の直後、上海の五つの婦人団体から矯風会宛に「九月一八日の柳条湖事件はパリ不戦条約に違反するから、すみやかに日本政府に注意して、事件を拡大させぬように」という電報が届いた。同じくロンドンの婦人団体からも、同内容の電報を受け取っている。

矯風会は臨時総会を開き、一九三二年二月二日、「時局に対する声明書」を出したが、柳条湖事件は「謀略ではなく、自衛行動である」と結論づけるものであった。

『日本キリスト教矯風会百年史』においては、矯風会の戦争責任について戦後も果たされておらず、矯風会が柳条湖事件後も国策に協力的で、国民総動員運動の一翼を担い、廃娼運動に重きを置きながらも、従軍「慰安婦」問題には反対の声を挙げていないとして、みずからの団体について指摘している。

まとめにかえて

ここまで、戦前の貧困とその背景、貧困状況から労働力として国策に巻き込まれ搾取されていった女性とその周辺状況を追ってきた。

社会的・経済的格差はいつの時代にも存在するが、同じ敗戦国下においても、「戦争の犠牲」には人々の間に大きな格差があった。

東北の大凶作による不況にあえぐ東北地方の農民の多くが満州国へと出兵したことはすでに述べた通りである。アジア太平洋戦争の最初の戦死者は、宮城、福島、新潟出身の兵士からなる仙台歩兵第四連隊であった。この部隊のうち半数は、戦地に召集されるまでの職業として、「農業」「無職」「漁業」「教育」「石大工」「八百屋」「桶屋」「履物屋」を挙げている。これらの職業は、その後、戦争末期を除いて戦死者が多くなっていく、つまり徴兵率の高い貧しい仕事であった（藤井　一九八五）。

「戦死すれば、盛大な公葬があり、扶助料と勲章をもらって靖国神社に祀られる」、「靖国神社の臨時大祭には東京見物を兼ねて参列することができる」などという論理で、そうした貧困層は戦争へと駆り立てられていった。

「どうして、うちの息子が戦死したのか」と家族の戦死に不満を持つ者には、軍や治安当局が監視の目を張り巡らせ、遺骨が帰ってくれば、盛大な出迎えや慰霊祭をして、家族の不満を抑えた。時には、天皇や皇后からの祭祀料が送られて、遺族に「本人もさぞ本望でしょう」と言わせるなどした。なお、この扶助料や遺族年金をめぐって、両親が受取人になるために息子の嫁を離縁した事例は、決して少なくない。

同じ時代、日本の都市部ではサラリーマン家庭が誕生し、農村から都会の企業に勤める者もあった。街には、モガ（モダンガール）と呼ばれた女性たちが闊歩し、周辺の郡部を合併した東京の街には「丸の内音頭」の歌詞を代えた「東京音頭」が流行した。中国での「戦争の勝利」が連日報道される中で、都会は好景気の波に浮かれていたと言える。

五・一五事件に農民の思いを背負って参加した橘孝三郎らが「灯の消えた東北の思いを、都会の人たちに知ってもらいたい」と立てた東京近辺の変電所を襲う計画も、この都会の「明るさ」と農村の対比から理解される。

当時新しく誕生したサラリーマンや公務員などの中流家庭の人たちは、農村からの「娘の身売り」で供給される「子守りさん」や「女中さん」を家庭内労働者として雇い、商店では「使用人」としても雇った。当時のサラリーマン家庭を舞台にした中島京子の小説『小さいおうち』（文藝春秋、二〇一二年）では、地方出身の「お手伝いさん」も登場し、中流家庭の様子がわかる。構造的な意味では、一般の市民も戦争景気を享受し、戦争に加担したといえるかもしれない。

昭和の歴史を書き続けた作家の半藤一利は、『半藤一利の昭和史』（文藝春秋、二〇二一年）において、この時代の支配層は、寄生地主と資本家であり、その占める割合は、四パーセント程度であったと指摘している。

資本家が軍部や政府と密接な関係を持ち、造船業などで巨万の富を蓄え、サラリーマン世帯が新しい中流階級を形成した。資本家が資本を形成するための他国への侵略と戦争を、マスコミが生き残りのために美化して報道した。東北地方の凶作時の報道に見られたような中産階級の視線に依った言論も、当時の新聞や雑誌の購読者が中流階級以上であることを考えれば、当然といえるかもしれない。もちろん、当時の治安維持法などを考えれば、体制に抵抗する力は弱くなる。報道機関も企業で働く中流階級も、戦争の実態には目をつぶって（つぶらされて）、大政翼賛の波に巻き込まれていく。

半藤（二〇二一）の「戦争は軍部だけではなく、一般の市民も参加していた」という名言はそのような意味で解釈するべきだろう。

もちろん、一般市民のなかにも格差があった。

『女子挺身隊の記録』執筆のための取材で会った女性からは、女子挺身隊の召集令状である「白紙」の格差について聞いたことがある。

「私の姉は病身だったのに、白紙がきて軍需工場で働かされて亡くなってしまった。隣家の元気な三人娘たちには白紙が来なかったのですよ。どうしてでしょう。私の家は父が兵隊に行っていて留守家庭だったのに。隣家は歯科開業医だったからかしら」

逆に、「同級生の家が軍隊へ食料を入れる会社を経営されていたので、両親が頼んで、友人の家の会社の従業員にしてもらって、女子挺身隊への徴集を逃れた」という話も聞いた。敗戦後、神奈川県藤沢市市役所では実際には勤務していない女性職員の名簿が見つかったと聞いた。多くの自治体の役場でも同じようなことがあっただろう。

一方、東北地方の農村出身で、神奈川県川崎市の軍需工場で女子挺身隊として働いていた、当時一四歳だったという女性は、「家が貧乏だったので、このままでは親に身売りされると思って役場に志願しました」と語った。

彼女の村から同じように志願して川崎市の軍需工場で働いていた仲間は、川崎大空襲で全員亡くなったとのことであった。同じ理由で、沖縄から大阪の堺市へ志願して女子挺身隊に行ったという女性もいた。

同じ女子挺身隊として働いた彼女たちも一様ではない。

私が取材した、化学兵器を作っていた相模海軍工廠（神奈川県寒川町）へ動員された女子挺身隊の人々も、仕事の中身はそれぞれで、遠方から動員された者は毒ガス製造現場に近い職場で働き、近郊の女学校卒の女性は事務所でお茶くみを、といった具合であった。

私の母方の叔母も岐阜県大垣市の軍需工場の女子挺身隊だったが、当時の服装については、「私は工場勤務じゃなかったので、母親（私の祖母）の手製のブラウスにズボンだったわよ」とのことであった。私が取材した元女子挺身隊の方々は鉢巻を占めたモンペ姿の写真を見せてくれていた。

私も、幼稚園から帰宅すると、祖母から「これから歌舞伎見物に行くから」と、袖の長い和服に着替えさせられて、祖母と二人で人力車に乗って、東京から来た歌舞伎を観に行った記憶がある。戦争末期、世間がもっとも混乱にあった一九四四年頃のことである。一般市民のなかにも格差が存在したのである。

そして、そうした日本に生きる人々の外側に、「慰安婦」として徴集されたアジア太平洋諸国の女性たちや、内地人（日本人）の五倍である一〇〇万人にも及んだ朝鮮半島からの満州移民（井上　二〇一五）がいることを忘れてはならない。

現在日韓の間で問題になっている「徴用工」についても、同様の構造があると思う。

例えば、九州の福岡にあった麻生炭鉱（麻生鉱業）では過酷な労働で多くの徴用工の犠牲者が出ている。慰霊碑に朝鮮人の名前が刻まれることはなかった。日本の加害責任は免れないはずなのに。

私の住む神奈川県にある相模湖のダム建設にも、戦時中に韓国、中国からの強制連行された「徴用工」が関わり、犠牲者が存在する。地元では「相模湖ダム建設殉職者合同追悼会」が毎年行われている。私も二〇一九年の慰霊祭に参加したが、地元の小中学生たちが出席していて感動した。

実行委員会の「しおり」には、若い参列者による「戦時中に、こんなことがあったのを、初めて知った。戦争の加害者はその事実を忘れようとするが、被害者は忘れない」という感想が寄せられており、「戦争の加害」を次の世代にも伝えていく重要性を思い知った。

第三章　現代の格差と貧困

監修：吉田正穂（弁護士）

コロナ禍と貧困

二〇二〇年から始まった新型コロナウィルスの感染拡大は、これまで隠されてきた格差と貧困の実態を明らかにした。

例えば、先進国であるアメリカでは、新型コロナウィルスの影響で、平均寿命が一・五歳短くなったと、米疾患対策センター（ＣＤＣ）が発表している（二〇二〇年度の平均寿命は七七・三歳）。大きな原因は、やはり新型コロナウィルスによる五〇万人以上の死者であるとされる（二〇二一年七月二一日付『毎日新聞』）。

アメリカでは、人口約三億二〇〇〇万人のうち一億人以上が年収二〇〇万円以下であり、日本のような国民皆保険制度もない。先行き不透明な状況にあって、真っ先に職を失うのも、この層である。

私が、第一章、第二章と「戦争と貧困」について述べてきたのには、理由がある。戦争などの極限状態における格差が人々にもたらす貧困は、現代にも通じるからである。そして格差は、生まれた国の政治や歴史によって左右される。

極限状態という意味で、戦争や新型コロナウィルスの感染拡大に並ぶのは、地震などの大災害であろう。私は、一九九五年一月に起こった阪神・淡路大震災について『地震は貧困に襲いかかる：「阪神・淡路大震災」死者６４３７人の叫び』（花伝社、二〇〇八年）を上梓している。

その取材でも、地震の被害に格差があることを知った。

神戸市の場合、海岸に近い野島断層が原因の地震だったため、被害者の大多数が長田区の住人であった。反面、六甲山近くに住む山側の地域の被害は少なかった。いわゆる、中流以上の人たちが住む山側と、経済的に貧しい人たちが多く住む海岸に近い場所に住む人たちとの格差である。特に、安い家賃の集合住宅に住む高齢女性が死傷者の多くを占めていた。同じ大学生の被害者を見ても、国立の学生や貧しい留学生に被害者が多かったことがわかっている。

新型コロナウィルスの感染者についても、いち早くワクチン接種が進んだ先進国と比べて、第三世界の人々は罹病率が高く、死者数も大きい。「コロナ禍」もまた、平等ではないのだ。

日本国内では、どうだろうか。

私は、一五年以上前から、地元神奈川県の野宿者見守りの活動に参加している。「野宿者」とは、ホームレスと呼ばれる、定まった住居を持たない（持てない）人々を指す。主に、首都圏郊外の駅近くの橋の下などが、見守りの対象地域である。

野宿者の中には精神を病んだ者も多いが、失業して住む場所をなくした者や、消費者金融からの借金を抱えた者も少なくない。出身地には東北地方が多い。現在六〇、七〇代で、一九六〇年代に「金の卵」と呼ばれて、中学校卒業後に集団就職で都会へ出て来た人々が多い。

私が親しくしていた野宿者の男性の一人も東北地方の出身で、次のように語っていた。

「家が貧しくて兄弟も多かった。学校へ行くよりも、川でウナギを捕って帰ってくると、高いお金で売れるので、父ちゃんが喜んでね。学校へは、ほとんど行かなかった。だけど中学校の卒業式の日、卒業証書を持ってきた校長先生が、横浜の工場へ行かないか、と。

実家の兄貴から、子どもが大学へ行くからとか、家を建て直すからと言われて、ずいぶん送金したのだけれど、会社を退職後に実家へ帰ろうとしたら、兄嫁がいい顔しないものだから……。結局、退職後は飲み屋を一緒にやらないかと誘われて、退職金をスッカラカンにしてしまった」

彼は現在、私たちの支援で、役所から家賃補助の生活保護を受けて、アパートで暮らしている。

同じく集団就職で九州の福岡から横浜の工場へ来た男性も、退職後に一〇万円ほどの年金では暮らせず野宿生活になったという（彼も、私たちの支援で五万円の住宅補助を受けてアパート生活を送り、その後故郷の実家へ戻ったが、居づらかったのか、野宿生活へと戻ってきていた。四年前二〇一七年二月の寒い朝に凍死した）。

この集団就職で東京へ出てきたという人々は、一九三〇年代の東北地方の凶作・飢饉で都会へ出てきた人々の姿と重なる。彼等は敗戦後の高度経済成長期、集団就職で上京し、都会のビル群の建設やダム工事などの現場で働き、日本の高度経済成長を底辺で支えた。

工事現場で働いていたという男性は、「仕事がきつくてね。飯場の布団も共同だったので、酒を飲まなくては寝られなかった」と、私に語った。

彼らは「四大寄せ場」と呼ばれる大阪の釜ヶ崎、名古屋の笹島、横浜の寿、東京の山谷に身を寄せて暮らしてきた。現在、これらの街は、高齢化した野宿者を支える「福祉の町」と呼ばれるまでになっている。

二〇二〇年からの新型コロナウィルス感染拡大に伴って、日本でも多くの人々が生活の危機に直面している。

二〇二一年五月三〇日付『毎日新聞』には、「仕事失い『もう、持たない』伸びる炊き出しの列」という見出しで、東京池袋の公園での、支援団体による炊き出しの様子が紹介されている。

離婚後、東京のアパートで一人暮らしをしていたという男性は、トラックの運転手を経て、荷物の仕分けや飲食店の週五日の清掃をしながらネットカフェで生活していたが、緊急事態宣言の延長が度重なるなかで、ネットカフェに泊まる金も無くなり、路上暮らしとなって、炊き出しの列に並んだという。

炊き出しのボランティアをやっているNPOの話によると、炊き出しの列に並ぶ多くの人々は、それまで飲食店の下働きなどをやって何とか生活していたのが、コロナ禍による緊急事態宣言の延長で仕事を失う人々が多いという。

すでにギリギリの生活を送っていた者がついに路上へあぶれだしてしまったということである。彼らの多くは、路上で寝泊まりする前（あるいは並行して）、ネットカフェで寝泊まりして生活していた。そうした人々を「ネットカフェ難民」という。

これは、二四時間営業のインターネットカフェや漫画喫茶などをホテル代わりに夜を明かし、主に日雇い派遣労働などの雇用形態で生活を維持している者を指す言葉である。深夜に長時間・低額料金で利用可能な「ナイトパック」やシャワールーム、個室席などを備えた、インターネットも利用可能な複合カフェが普及した二〇〇〇年代から用いられるようになった。

週刊誌『ＳＰＡ！』（二〇一一年七月一三日号）にも、「貧困化するネットカフェのいま」と題した特集が記載されていた。『ネットカフェ難民』（幻冬舎新書、二〇〇七年）の著者、川崎昌平氏によれば、九〇年代のネットカフェは、「うだつのあがらない若者たち」、「クリエイティブ志向の若者」、「漫画家志望の人たち」が新しい出会いを求める場であったという。しかし現在のネットカフェは、半ばホームレスと化した人々や家出少女たちの定住の場になっている。

彼らのような非正規雇用者はいつ頃から増えたのだろうか。

非正規雇用とは、期間を限定し、比較的短期間で契約を結ぶ雇用形態のことである。労働時間や労働日数は労働者によって異なるが、雇用の安定性、労働条件の格差（賃金）、職能向上面等で正規雇用とはかなりの相違がある。パートタイマー、アルバイト、契約社員、派遣社員、請負労働者、期間工、季節工、準社員、フリーター、嘱託など様々な雇用形態がある。

労働者派遣法をめぐっては、二〇一五年に「改悪」があったことで知られる。労働者派遣には、正社員を派遣に置き換えてはならない、派遣は「臨時的・一時的」利用に限るという原則がある。このため派遣の利用期間には、同じ業務で原則一年、最長三年の制限があり、この期間を超えてなお存続する業務は「臨時的・一時的」とはいえず恒常的な業務だから、正社員にしなさいということである。

二〇一五年の「改悪」以前は、通算三年を過ぎたら派遣労働者に直接雇用を申し込むよう派遣先企業に義務付けられており、違反した場合、派遣労働者を正社員として雇用したとみなすという原則があった。これが改正されて、派遣先企業が労働組合の意見を聞けば三年を超えての雇用が可能になったのである。なお、労働組合へは「意見を聞く」だけで、同意を得る必要はない。

また、この改悪には人を変えれば同じ部署での派遣を延長できるという内容も含まれており、派遣先企業がいつまでも派遣を利用できるような仕組みがさらに強固なものとなったのである。

二〇二一年五月二八日付『朝日新聞』は、総務省による同月の発表によれば、四月の完全失業率（季節調整値）が二・八パーセントで前月より〇・二ポイント悪化したことを報じている。記事は、女性の労働者人口が「労働者人口は三〇五四万人で一〇万人減と二か月連続で減少」していることについて、総務省の担当者による「新型コロナの影響で、女性が多く働く飲食などの対面サービスの非正規雇用はなお厳しい状況にある。そのため、いまなお女性は仕事を探せていないのでは」というコメントを紹介している。

対面サービス以外の非正規雇用労働者にとっても、「コロナ禍」による苦境が続く。更新ギリギリで解雇されるケースや、正規労働者には認められている在宅でのテレワークが、非正規労働者には基礎疾患がある人以外は認められないという「格差」も生じている。

二〇二一年五月三〇日付『東京新聞』によると、内閣府の二〇二〇年末の調査において、年収三〇〇万円未満でテレワークをしている人が一二パーセントだったのに対して、年収一〇〇〇万円以上では、五八パーセントであったという。二〇二〇年六月の調査でも、「テレワークの経験がある」と答えた人のうち、正規雇用者が四二パーセントであったのに対して、非正規雇用者は一八パーセントであった。これは、単に非正規雇用者に接客業などが多いからではないだろう。

また、地方自治体の職員や教師、公立図書館の司書、公立保育園の保育士など、非正規公務員の窮状も見逃せない。特に、DVや児童虐待の相談業務といった仕事の増加に伴い、自治体も非正規公務員が増えている。大半は女性である。

有期雇用労働者が五年を超えて働けば無期雇用になるという「無期転換ルール」は、非正規公務員には適用されてこなかった。そこで、「非正規の地位を安定させるため」と、二〇二〇年四月から導入されたのが、週の就業時間が三八時間四五分以上であれば会計年度任用職員として認められ、昇給制度や、残業代や通勤費も支給されるという、「会計年度任用職員制度」である。

二〇二一年五月三一日付『東京新聞』に、「会計年度任用職員制度」で働く女性の悲痛な声が寄せられている。インタビューに応えた女性の手取りは一六万で、「年収は一九〇万円から二三〇万円に増えた」ものの、「年度ごとの契約で賃金は低く、昇格もない」など、不安定さが増したという。

全国の自治体で働く非正規公務員は約六九・四万人。うち九割を会計年度任用職員が占め、さらにその四分の三以上が女性である（総務省による二〇二〇年度調査）。

今や、地方自治体の職員の三人に一人が、臨時職員・非正規労働者なのである。自治体の財政難や求められるサービスが多様化しているからだと言われているが、前述の相談業務のほか、高齢化に伴う需要も増加している。

コロナ禍にあってのこうした格差は、これまで以上に生死に直結していくのではないだろうか。二〇二一年六月、日本民主医療機関連合が、「失業などで再就職ができず、無保険に陥るなどの経済的理由で受診が遅れて死亡した人」が、二〇二〇年度では全国で四〇人、そのうち、新型コロナウィルスによる失業が原因で亡くなった人は八人だったと発表している（二〇二一年六月一〇日付『神奈川新聞』）。

私は、JR京浜東北線沿線が最寄りの駅なので、東京から大船駅までの電車に乗ることが多いが、大きな荷物を持った二〇代から四〇代の人々が車内で仮眠を取っている光景をよく目にする。時には、車内のトイレ近くの床で寝ている男性を見ることもある。

同じく、東京の山手線の中でも大きな荷物を抱えて寝ている人もよく目にする。彼ら、彼女らの多くは、終電まで車内で寝て、最終的にネットカフェの多い蒲田駅で降りるのである。あるいは、京浜東北線の場合、終着駅の大船駅のプラットホームのベンチで仮眠して、駅の改札が閉鎖される頃に、駅近くのネットカフェへ向かう人々もいる。なかには、改札外近くで野宿をしている人もいる。大船駅近くの百円均一ショップでは、他店に比べて男女の下着やネクタイなどの衣料品が目につく。もちろんこうした状況は、大船駅周辺だけのものではないだろう。

ネットカフェは時間制の店舗が多く、深夜料金が安いため、終電から始発までの短時間でシャワーを浴びて仮眠する利用者も少なくないという。

そうしたネットカフェ難民や野宿者の人々は、新型コロナウィルスのワクチンを打つことはできるのだろうか。

ワクチンの接種券は、住民登録された自治体が発行して送付するため、住民票がなかったり、様々な事情で登録された住所に住んでいなかったりする人に届けることは難しい。

二〇二一年七月九日、厚生労働省は「ホームレス等への新型コロナウィルス感染症に係る予防接種の接種機会の確保について」という事務連絡を、各都道府県・市区町村衛生主管部（局）宛てとして通知している。

ここでは、希望する人には本人と確認できる書類がなくても代わりとなる書類を発行して接種を受けられるようにするといったことが書かれており、具体的には、本人と確認できる書類を持っていない場合でも、氏名や生年月日などを聞き取って、確認したことを示す書類を代わりに発行することで接種を受けられるようにするといった対応も認めるとある。

これは、四月時点で接種券を当日に会場で渡すこともできるなどと周知していたにもかかわらず、運転免許証など本人と確認できる書類がないため受付が認められなかったケースが報告されたことから出された通知であると思われる。

しかし、支援者が近くにいない場合、定まった住居を持たない多くの人たちが情報の少ないなかで接種場所にたどり着くことは難しいだろう。

女性の貧困が子どもの貧困へ

非正規労働者のうち、パート労働者の多くは、「家計補助」の役割を担う女性が多い。

二〇二一年七月号『都市問題』は、非正規で働く女性の九五・八パーセント、男性の八一・二パーセントが年収三〇〇万円未満であり、コロナ禍による休業や解雇によるダメージが大きいとしている。

なかでも、子育て中の「ひとり親」女性は厳しい状況に置かれている。水無田（二〇一四）によれば、シングルマザーの五割以上が非正規雇用であり、その収入の平均は一二五万円。非正規雇用が多い背景として、ひとり親で子どもがいることが、就労するうえで不利にはたらくことが指摘されている。

また、離婚後の養育費の未払いも、母子家庭の貧困に繋がっている。二〇一一年度「全国母子世帯等調査」によれば、母子家庭への養育費の八割が不払いとされているが、これは、七割のシングルマザーがＤＶ被害を受けたという調査結果と無関係ではないだろう。

こうした女性の貧困が、子どもの貧困に繋がっている。

マイケル・サンデル著『実力も運のうち：能力主義は正義か』（早川書房、二〇二一年）においても、ハーバード大学卒業生の三分の二は、出身家庭の所得規模が上位五分の一にあたると報告されており、出生時の環境がそのまま格差に繋がっていると指摘されている。日本においても、東京大学による調査「学生生活実態調査（二〇一六年）」において、東大生の親の六割以上が、年収九五〇万円以上であったという。国税庁による「令和元年民間給与実態統計調査」を参照すると、当時で世帯年収の中央値は四三七万円であることから、年収九五〇万円以上の家庭がごく限られた富裕層であることがわかる。

なお、同調査の男女別の年収中央値を見てみると、二〇代は比較的男女の年収差は小さい（男性・三二〇万円、女性・三〇一万円）ものの、三〇代からの年収差が大きく開き（三〇代男性・四一八万、女性・三三三万。四〇代男性・四九九万、女性・三四四万）、五〇代は男女で一・五倍以上の差（男性・五三八万、女性・三三三万）がある。コロナ禍にあっての非正規雇用の減収、解雇などを考えると、現在はより大きな開きが予想される。

生まれた環境が将来の貧困状況を大きく左右するにもかかわらず、子どもは親を選んで生まれてくるわけではない。そして、極限的状況にあって貧しいものがますます貧しくなっていくことは、ここまで確認してきた通りである。

新型コロナウィルスの感染拡大も、子どもたちに大きな影響を与えている。

二〇二一年五月八日付『中日新聞』によると、シングルマザー五三九人を対象に一定の期間行った調査で、都内に住む約半数が、「就労収入がコロナ拡大前より減少した」と回答したという。就労収入が月一二万五〇〇〇円未満との回答も、約五割に上った。

預貯金が一〇万円未満の世帯割合も徐々に上昇し、直近では四割近くに達した。今年二月時点で、米などの主食が買えないことが「よくあった」「ときどきあった」と回答した世帯は都内で三割超、東京以外で四割超に達した。肉、魚が買えなかった経験があるとの回答はさらに多く、ともに五割以上である。

しんぐるまざあず・ふぉーらむ理事長の赤石千衣子氏は、ひとり親世帯、一四〇万世帯のうち、少なくとも約一〇パーセントにあたる一四万世帯において、「子どもが十分に食べて体重を増やせる状況ではない」と推測されることについて、「日本の貧困は、食べるものに困るような絶対的貧困ではなく、相対的な貧困である、と言われてきた。しかしコロナ拡大によって低所得世帯の子どもたちに出現しているのは絶対的な貧困ではないか」と述べている。

ヤングケアラーと虐待・自殺

家族に代わって家事を担ったり、きょうだいの世話をしたり、家族への介護や情緒的なサポートをしたりといった過重なケア役割を担う子どもたちがいる。このようなケアを担う子どものうち、特に障害や病気をもつ家族のケアを担う子どもについて、教育や社会参加の機会の制約、健康や発達への影響を問題とする議論がある。

そうした、「大人に代わり家族の世話をしている子どもたち」のことを、ヤングケアラーという。

亀山（二〇二一）は、ヤングケアラーについて考えるとき、彼等の世話する家族が、障害や病気をもつかどうかにかかわらず、貧困を念頭に置く必要があるとする。

日本ケアラー連盟によるヤングケアラーの実態調査では、ヤングケアラーの四〇パーセント前後がひとり親世帯で生活しており、要保護児童対策地域協議会で把握されたヤングケアラーに限れば、三〇パーセントが生活保護世帯に属している。また、国民生活基礎調査における「同世代の介護が必要な人に対して主介護者として介護を行っている一八歳未満の子ども」に限定した場合でも、そのような狭義のヤングケアラーのいるひとり親世帯のひと月あたり家計支出総額は平均世帯人数二・七人で一八万円であり、生活保護世帯の支出額と同水準であった。

厚生労働省と文部労働省がコロナ禍（二〇二〇年一二月～二〇二一年一月）におけるヤングケアラーに関する調査を、公立の高校二年生と中学二年生を対象に行っている。結果、「世話をしている家族がいる」と答えた中学生は五・七％、高校生では四・一％にのぼった。

また、子どもたちが一日に費やしているケアの時間は、中学生が約四時間、高校生が約三・八時間で、同世代の友人たちと部活動や遊びや勉強の時間を奪われていることがわかる。

この調査は、全国的な調査であるため、各自治体の実態ははっきりしない。たとえば埼玉県の高校二年生（五万五千人）を対象にした二〇二〇年の調査では、四・一％の一九六九人が、通学しながら家族の世話をしていると回答した。

そのうち、約三人に一人が「毎日」家族の世話をしていて、約四人に一人が、「その悩みを誰にも話せない」と回答している。割合としては、「クラスに一人」である。

また、そのようなケア労働の結果、「孤独を感じる」「ストレスを感じる」「勉強の時間が取れない」などの回答があった。

何より、「ケアを手伝ってくれる人がいない」と答えている回答や「悩みを相談する」相手が「父母やきょうだい」が中心で、保健室などへの相談が少ないのも、彼らの悩みが社会化しない要因と言えるだろう。

子どもが心身的に安心して暮らし、成長できる環境を保障することが、「子どもの人権」を守ることだとすれば、ヤングケアラーの問題も虐待問題と地続きで考えねばならないかもしれない。

コロナ禍における児童虐待の被害が増加していることも報じられている。二〇二一年九月二一日付『東京新聞』によれば、全国の児童相談所が二〇二〇年度に対応した児童虐待件数は、二〇万五〇二九件と、初めて二〇万件を超えたという。

厚生労働省はコロナ禍との関連は見られないと分析しているが、注目すべきは警察からの通告による虐待が発覚するケースが増えていることだ。二〇二〇年一年間に警察が検挙した児童虐待被害者数は、過去最多の二一七二人で、死亡児童数は六一人、保護された児童は五五〇〇人にのぼった。乳児院や児童養護施設などに入所している子どもも、全国に約四万五〇〇〇人と、増加している。

コロナ禍で保護者の失業や休業が相次ぎ、自宅で過ごす子どもたちが増えた。保育所や幼稚園、学校、医療機関、福祉事務所などが子どもたちと接する機会が減ったことが、警察からの通告につながっているのではないだろうか。

認可保育所に入れない待機児童数は、二〇二一年四月時点で五六三四人と、前年の一万二四三九人から大きく減った。保育所整備など対策が進んだこととは別に、就労が困難になり利用を断念した保護者がいるとも考えられる。

虐待のタイプ別では、言葉による脅しや無視、きょうだい間での差別的な扱い、子どもの目の前で家族に暴力を振るうDVなどの「心理的虐待」が約六割を占めている。親子が一緒に家で過ごす時間が長くなることがお互いのストレスにつながっているのかもしれない。

私が住む横浜市でも、地元紙の『神奈川新聞』が二〇二一年六月三日付記事で、横浜市の児童相談所や区役所が対応した児童虐待の通告、相談件数が前年度比で二四・一パーセント増えて一五五六件となり過去最高であったと報じている。

被害に遭った児童の年齢別は、〇歳が八五二件（六・八％）、一～六歳が五四二二件

（四五・二％）で、未就学児が五割を占めている。

児童虐待については、二〇〇〇年一一月に施行された「児童虐待防止等に関する法」によって、法的に児童の福祉が保障されるようになった。当時の日本では「法は家庭に入らず」が慣習であったことから、注目された法律だった。

私は、一九九八年にシンガポールで開かれた「家庭暴力禁止世界大会」に参加している。当時の日本は、「児童虐待防止等に関する法」はもとより、「DV防止法」（配偶者からの暴力の防止及び被害者の保護に関する法律）も未整備であった。欧米はもちろん、アジアにも法整備の面で遅れをとっていたので、肩身が狭い思いをしたのを覚えている。

二〇〇〇年には、『子ども虐待：悲劇の連鎖を断つために』（新評論）を上梓した。

この本の取材では、児童虐待に関する裁判を傍聴したほか、一時保護施設も兼ねている児童相談所で子どもたちと寝食を共にして、多くの児童養護施設で話を聞くことができた。

児童虐待の悲惨さには胸がかきむしられる思いを抱き、ある児童養護施設と関わりながら、施設を退所した若者の自立を支援するNPO法人も立ち上げた。

そんな当時出会った女子児童で、忘れられない子どもがいる。

彼女は小学五年生で、児童養護施設に入所していたが、一時帰宅中に義父が事故に遭い、そのことに衝撃を受けているとして、児童相談所に一時的に保護されていた。

彼女の言葉を借りると、

「なぜか、私だけ施設に預けられるの。お兄ちゃんも生まれたばかりの弟も、家にいるのよ。だけど、私が一時帰宅した時に、下の弟の父親なのだけれど、お母さんと離婚することになっていて、お母さんたちが買い物に行っている時に、燃えちゃった！」

「燃えちゃったって、どうしたの」と聞くと、

「その人、ガソリンを被って、火をつけて、燃えちゃったの」

彼女はその後、児童養護施設へ戻ったのだが、ショックで情緒不安定になり、落ち着かないからと、ここ（児童相談所）へ来ているのだという。同じ部屋で寝た女の子との、忘れられない記憶である。

二〇年以上経った現在も、あれから彼女はどうしているのだろうかと思う。

そして、コロナ禍である二〇二〇年度、三〇日以上登校せず「不登校」とみなされた小中学生は前年度より八・二パーセント増の一九万六一二七人で、過去最多だったことが文部科学省の問題行動調査でわかった。小中高校から報告された児童生徒の自殺者数も四一五人で最多である(二〇二一年一〇月一三日付『朝日新聞』)。

自殺した小中高生は、小学生は七人(同三人増)、中学生は一〇三人(同一二人増)、高校生は三〇五人(同八三人増)で、女子高校生は一三一人(同六八人増)と倍増していた。自殺者が置かれていた状況では、家庭不和や精神障害、進路問題や父母らの叱責が目立ったという。

ただ、警察庁の統計では昨年度の小中高校生の自殺者は五〇七人(暫定値含む)であり、学校側が把握できていないケースもあるとみられる。

なお、こうした自殺率だけでなく、「子どもの貧困」や「女性の貧困」もあわせて考えた際に全国でもっとも目立つのが沖縄県である。沖縄の事情については、樋口耕太郎著『沖縄から貧困がなくならない本当の理由』(光文社、二〇二〇年)に詳しい。

沖縄は非正規労働者が多く、最低賃金も日本で最低額(二〇二一年は八二〇円)であいう。

る。その背景として、樋口氏は沖縄の「同族意識の強さ」をあげている。同じ商品を買う場合でも、沖縄以外の商品は買わないという村意識が沖縄の経済を鈍化させているという。

「経営者も、有能な社員を雇うより、毎日変化のない業務を低所得で淡々とこなしてくれる従業員の方が都合がいい」（一二五頁）

私がこの本で注目したいのは、沖縄に蔓延る家父長制の存在である。日本の他の都道府県に比べて、長男が家長として存在し、女性は「嫁」として男性を支えてケアするという風習が強固に残っているという。

沖縄は、アジア太平洋戦争下において、日本で唯一本土戦が行われ、島民の四人に一人が犠牲になった島である。戦後もアメリカの統治下におかれ、現在も米軍基地の圧倒的負担の中にあり、「本土の捨て石」としての役目を負わされてきた。

これもまた、本土と沖縄の間にある「格差」の問題である。

性の貧困

二〇二一年七月一六日、私は東海道線を下って、神奈川県の小田原駅で降りた。小田原城で有名な小田原市は、いまも城下町の風情を色濃く残す街である。その小田原城のお堀近くに建つ横浜地方裁判所小田原支部に足を運んだ。

この日は、当時高校一年の女性に性的暴行をし、心的外傷後ストレス障害（PTSD）を負わせたとして、強姦致傷罪などに問われた被告への裁判員裁判による判決が下される日であった。

一六年前、当時一六歳であった原告は、母親と待ち合わせのために夜道を歩いていたところ、二七歳（当時）の被告に脅迫のうえ廃業したガソリンスタンド敷地内に連れ込まれ、性的暴行などを受けた。被告は、その様子を携帯電話で撮影するなどしたという。

この事件が注目されたのは、強姦については被告のDNA型が現場の遺留物と一致した二〇一八年一〇月の時点で強姦罪の時効（一〇年）が成立していたものの、女性に「夜道を怖がる」などのPTSDなどを負わせたことが「傷害」に当たるとして、二〇二〇年七月に、強姦致傷罪と強制わいせつ致傷罪で、両罪の時効（一五年）成立の四日前に起訴されたからであった。

刑法の性犯罪規定の見直しを議論した法務省の検討委員会の委員を務めた上谷さくら弁護士は、今回のように、一回の性的被害によるＰＴＳＤ、それも事件から診断まで長時間たった場合の因果関係が認められた判決は、「聞いたことがない」という（二〇二一年七月一六日付『東京新聞』）。

私は、運よく傍聴券の抽選に当たり、法廷に入ることがかなったのである。

検察の求刑は十年であったが、懲役八年が言い渡されることになった。

女性がＰＴＳＤと診断されたのは事件の一三年六か月後であったため、弁護側はそれまで女性が病院に通わず日常生活を送っていたことなどから診断は信用できないと主張したが、判決は「見かけ上日常生活を送れたのは、回避症状によるもの」として、診断の信用性を認め、因果関係を認めた。

なお、求刑は一〇年だが、被告人の姉が被害者側に見舞金として二〇〇万円を渡していることを考慮しての懲役八年であるとのことであった（被告人は即日上告している）。

背広姿で法廷に立った現在四三歳の被告人は、身長一七〇センチ以上あった。夜道で小刀をちらつかせながらの脅迫に、一六歳が抵抗するのは不可能であり、深い心的外傷を残すものであっただろう。

内閣府の調査によると、性的暴行の被害者の約六割は誰にも相談せず、医師やカウンセラーに相談した人はそれぞれ一％ほどで、被害から相談に時間がかかることは珍しくない。前述の上谷弁護士は、「実態に即しており、被害者にとっては意義のある判決」と話している（同『東京新聞』）。

こうした性的被害による心的外傷が、その後の人生に大きな傷を残すことは、依然として広く知られていないように思う。また、性暴力は被害者に大きな衝撃を与えるため、被害を受けた当事者ですら、自分に起こったことについて理解し、自分がどのような状態にあるのか他者に伝えることが難しい。

特に身内からの被害、性的虐待については、「話せない」困難はさらに強いものになる。

私が未成年への性的虐待を知ったのは、一九九〇年頃、ある緊急一時施設（シェルター）を取材に訪れた時だった。

そのシェルターで出会った一七歳の女子高校生は、実父からの度重なる性虐待で、福祉事務所経由で入所してきたのだという。まだ、児童虐待防止法もない時代である。

彼女は、実父から性虐待を受け続けて、妊娠を繰り返し、三度目の妊娠・中絶で、「もうこれ以上耐えられない」と、自ら福祉事務所へ救いを求めたのだという。実母は、夫の長女への性虐待を容認していて、妊娠の度に産婦人科へ連れて行って、中絶させていたという。

彼女と出会った後、私は横浜弁護士会（現・神奈川県弁護士会）の谷口優子弁護士に『尊属殺人罪が消えた日』（筑摩書房、一九八七年）をいただき、実父をはじめとする家庭内の性的虐待について詳しく知ることとなった。『尊属殺人罪が消えた日』は、一九七三年に最高裁で下された尊属殺人罪の違憲判決の背景に迫る内容となっている。

尊属殺人罪とは、一九〇八年制定の刑法により、「自己または配偶者の直系尊属を殺した者について、通常の殺人罪とは別に、尊属殺人罪を設ける」としたもので、「尊属殺人罪が適用された場合、法定刑は死刑または無期懲役に限られる」というものであった。

この事件の被告人は、実父から長年にわたって、性虐待（当時は「親娘相姦」と言った）を受け、五人の子どもを出産（二人は死亡）していた。母親の抵抗も、父親の暴力にかなわなかった。

三女が二歳になった時、被告人はパートに出るようになり、そこで好きな男性ができた。父親に話したところ、「いつまでも呪ってやるから」と言われ、「こんな生活を続けるのはもう嫌だ」と、仰向けになった父親の首を絞めて殺したという。

尊属殺人罪のあった当時、「被告人に対し刑を免除する」とした第一審判決は思わぬものであった。『尊属殺人罪が消えた日』を参考に判決の概要をまとめると、次のようになる。


「被告人が被告人の父親を殺害した行為は、被告人の自由に対する父親の急迫不正の侵害に対してやむを得ずなされた防衛行為であるから、被告人に対しては刑を免除するのが相当である」


また、尊属殺人罪についての第一審判決の概要は次の通り。

「刑法第二〇〇条（尊属殺人罪）は、親族優位の旧家族制度的思想で、現在はすでに合理的根拠を失ったものと言わざるを得ない。よって、刑法第二〇〇条は憲法第一四条に違反する無効の規定としてその適用を排除すべきである」

検察側はすぐに控訴し、控訴審では、刑法第二〇〇条は合憲であるとして、「懲役三年六月」の実刑が言い渡された。しかしその後、被告人側の上告があった。最高裁での判決の概要は次のようなものであった。

「原判決を破棄する。被告人は、懲役二年六月とする。この判決確定の日から三年間、刑の執行を猶予する。刑法第二〇〇条が尊属殺人の法定刑を死刑・無期懲役に限定している点について、著しく不合理であり、憲法第一四条一項に違反する」

その後、一九九五年の刑法の口語化作業の際に、刑法第二〇〇条と第二〇五条をはじめとする「尊属」の文言は削除された。

憲法第一四条一項とは、「すべて国民は、法の下に平等であって、人種、信条、性別、社会的身分又は門地により、政治的、経済的又は社会的関係において、差別されない」

というものである。

性犯罪に関する法については、二〇一七年六月に、大幅な改正刑法が国会で可決・成立した。これまで女性に限っていた強姦罪（改正後の名称は強制性交等罪）の被害対象者が性別を問わない形となるなど、一九〇七年の制定以来一一〇年ぶりの大幅改定となった。

そのポイントをまとめると、次の通りである。

①「強姦罪」を「強制性交等罪」へと名称を変更。これまで被害者を女性に限っていたが性別を問わないことになった。
②強制性交等罪の法定刑の下限が懲役三年から五年に引き上げられた。
③性犯罪の「非親告罪化」により、被害者の告訴がなくても起訴することができるようになった（従来の「親告罪」では、被害者の告訴がないと起訴できなかった）。
④一八歳未満の人に対して、親などの監督・保護する立場の人がわいせつな行為をした場合、暴行や脅迫がなくても処罰されることとなった。

しかし、この法改正にも問題点は多い。

たとえば、準強制性交等罪の成立要件の一つに、抗拒不能（身体的、心理的に抵抗することが著しく困難である）の認定が必要であることだ。

弁護士の上谷さくら氏によると、判例では、（暴行・脅迫とは被害者の）反抗を著しく困難ならしめる（程度のもの）とあるが、このハードルは非常に高いという。被害を受けた側からすると、反抗が著しく困難な状況であっても、客観的に見ると「そうではない」とされてしまうことが多いからである。少し肩を掴まれる、ドンと押されるということであっても、それが暗闇であったり周りに人がいなかったり、あるいは相手との人間関係があって反抗が困難になる。しかし、「そのくらい頑張ったら逃げられたんじゃないの？」と捉えられてしまい、結局「暴行・脅迫」の要件を満たさないというケースがとても多いという（NHK福祉情報サイト「ハートネット」二〇一八年一〇月二二日公開記事「性犯罪に関する刑法～110年ぶりの改正と残された課題」）。

最近では、二〇二〇年三月、娘に性的暴行を加えた父親に逆転有罪判決がくだった名古屋高裁での裁判が記憶に新しい。

当時一九歳の実の娘に性的暴行をしたとして、被告の実父が準強制性交等罪に問われたこの裁判でも、被告人の女性が事件当時「抗拒不能」の状態にあったかどうかが争点となった。

父親は二〇一七年八～九月、県内のホテルなどで二度、長年の虐待により抵抗できない精神状態だった女性に性的暴行を行った。

一審判決では、父親は女性が小学生の頃から虐待し、中学二年生の頃に性的虐待を始めたことなどから、女性に性行為の同意はなく、長年の虐待で父親の精神的支配下に置かれていたと認めた。その一方で、過去に拒めたことがあったなどとして、抗拒不能の状態だったと認定するには合理的な疑いが残ると判断していた。

しかし高裁判決では、女性が性行為を拒んだ時にあざができるほどの暴行を受けたことなどを挙げ、「一審判決が抗拒不能状態を否定した事情は、むしろ肯定する事情となり得る」などと指摘。一審判決について「父親が実の子に対し、継続的に行った性的虐待の一環だという実態を十分に評価していない」と批判した。

堀内満裁判長は「被害女性は当時、抵抗することが困難な状態だった」として、一審・名古屋地裁岡崎支部の無罪判決を破棄し、父親に求刑通り懲役一〇年を言い渡した（二〇二〇年三月一二日付『朝日新聞』）。

なお、諸外国の性犯罪に関する法律などを、ヒューマンライツ・ナウのホームページを参考にまとめてみたい（http://hrn.or.jp/2019_sex_crime_comparison/　最終アクセス二〇二一年一〇月一四日）。

スウェーデン、ドイツ、イギリス、カナダ、アメリカ（ニューヨーク州）などでは、暴行・脅迫等がなくても強制性交罪が成立する。

たとえばイギリスでは、「①Aが故意に、自己の男性器を他人Bの膣、肛門又は口へ挿入したとき、②Bが当該挿入に同意しないとき、③Bが同意するとAが合理的に確信していないとき」のすべてに該当すると、Aは罪を犯したこととされる。なお、「Bが同意すると確信することが合理的か否かは、Bが同意するか否かを確認するためにAが講じたあらゆる措置を含むすべての状況を考慮して決定する」とされる。

内閣府男女共同参画局による「男女間における暴力に関する調査」（二〇二〇年度）によると、女性の六・九パーセント、男性の一・〇パーセントが、無理やりに性交などをされた経験があると答えている。しかし、法務省の性犯罪に関する施策検討に向けた実態調査ワーキンググループによると、二〇一九年の強制性交等の罪の認知件数は一四〇五件で、被害にあった人の一握りにすぎない。加えて、二〇一九年認知された（被害届を出して訴えが認められた）強制性交等の罪のうち、起訴された事例は約三三・六パーセントにすぎない。

性犯罪被害、性的虐待は、被害者のその後の人生に大きな影響を及ぼす。

拙著『子ども虐待』執筆の際、一九九八年に笠松刑務所（岐阜県笠松市）に入所した二〇代から三〇代の女性受刑者の七割が、子ども時代に性的虐待を受けているという調査結果に驚いたのを覚えている。

性的虐待・性暴力の「後遺症」として、大人になっても残る心的外傷後ストレス障害、自殺未遂、記憶が飛ぶ・現実感が失われる解離性障害、複数の人格を持つようになる解離性同一性障害、適切な対人関係を結べない（誰にも心を開かない、誰とでも馴れ馴れしくするなど）愛着障害、「健全な家族像」を思い描けない、空間認知などをつかさどる「一次視覚野」など脳の萎縮などが挙げられるだろう。

二〇〇二年、私は『AV産業：一兆円市場のメカニズム』（新評論）を上梓しているが、これは、AV女優と呼ばれる女性たちに性的虐待の被害者が多いと聞いたことが取材のきっかけであった。

AV産業

アダルトビデオ、AVはビデオデッキとともに登場した。

一九六九年の「ビデオ元年」以降、各家電メーカーはポルノビデオをデッキの「おまけ」として売った。そうした大手家電メーカーの要請により、ポルノビデオ産業は大きな需要を受けることとなる。各映画会社や出版社がこれに乗り出した。

ポルノビデオは、ポルノ映画の系譜である。ドラマ（劇映画）の中にセックスシーンが挿入される形態のポルノ映画では、セックスを物語化し、意味付けする努力が行われた。七〇年安保闘争を扱った『恋人たちは濡れた』、米軍基地問題を扱った『黒い雪』など、社会的メッセージを持ったものも少なくなかった。

ところが、日活のロマンポルノ映画が一九八八年に閉じられる頃から、社会的メッセージを持ったポルノ映画はほとんどなくなり、セックスそのものを直接的に映像で表現する内容に変化していった。ポルノビデオも同じ道をたどり、アダルトビデオ（AV）と称される、ドラマ性を持たない、即物的なセックスを表現する映像にとって代わられたのは、一九八〇年代半ば頃であった。

現在でこそ、女性向けアダルトビデオ市場も注目を集めつつあるが、やはりその消費の中心は男性であり、内容としては暴力的なものが目立つ。

アダルトビデオにおけるセックスと暴力の融合の背景には、一九六〇年代からの日本の工業化と、それに伴う都市への人口集中、「家庭」の変化があっただろう。日本の経済成長を支えたのは、「男は仕事、女は家事」という性の役割分業であった。都市の近郊で、母親が一人で家事や育児を担い、父親は夜、寝るために家に帰ってくるだけで、母親と男の子の距離は密接なものとなった。手作りのおやつをつくって子どもの帰宅を待つ母親像が理想であるかのようにマスコミなどでもてはやされ、多くの女性は「教育ママ」と揶揄されながら子育てに全エネルギーを費やした。「あなたのため」と言いながら、母親の自己実現のために塾に通わされ、レールを敷かれた子どもたちは、母親の「愛情の罠」から逃れるために、母親への悪いイメージを掻き立てようと努力し（岸田一九九八）、そのイメージは女性一般へと向かい、男尊女卑や女性蔑視の思考を身に着けていく。この一九六〇年代に生まれ育った息子たちが青春期を迎えたのが、まさに一九八〇年代だったのである。

私には、ＡＶ作品をめぐる忘れられない裁判がある。「ビデオ倫理裁判」（ビデ倫裁判）である。

この「ビデ倫」は、「日活ロマンポルノ事件」をきっかけに設立された。日活ロマンポルノの成人映画四作品について、「猥褻なものだ」として、一九七二年、日活の映画本部長、製作・配給責任者ら六人が猥褻図画公然陳列罪で、映画倫理委員会の審査員三人が同幇助罪で、それぞれ起訴された事件である。一審、二審と無罪が言い渡されたが、同様な摘発が相次いだため、当時の主要メーカーだった東映ビデオ、日活、日本ビコッテの三社が、映倫管理委員会（映倫）の審査基準を準用して作品の自主審査を行う「成人ビデオ自主規制倫理懇談会」を発足させた。

一九七〇年代後半、家庭向けのビデオ市場が急拡大したのに伴い、同会が一九七七年に名称変更して、「日本ビデオ倫理協会」が発足した。

同協会への、初の警察による強制捜査となったのが、ビデ倫裁判に繋がる事件である。二〇〇七年八月二三日から、アダルトＤＶＤの審査が不十分だとして、警視庁保安課による強制捜査が始まった。ビデ倫事務所の他、メーカー、販売店など二〇か所に及ぶ大規模な捜査であった。

審査を経ないアウトローな作品ではなく、正規ルートの作品が摘発されたことが、世間に衝撃を与えた。当時、週刊誌などでの「ヘア解禁」が進んでいる頃だったので、警察庁の「脅し」だったのではないかと、私は考えている。

最高裁の判決は、ビデ倫の審査員らに罰金五〇万円、制作メーカーの役員は懲役一〇月、執行猶予三年というものであった。

「事件化」する前、NPO法人セルメディアネットワーク協会からの「タレコミ」があり、ビデ倫には元警察庁職員が在籍していたので、連絡を取りながらの捜査だったことが、法廷で明らかにされた。

このビデ倫裁判は、私もほとんど傍聴したが、「有罪ありき」の法廷運びには驚いた。例えば、検察側の担当検事が何度も代わって、裁判がスムーズに進まない状態で、「ビデ倫つぶし」の意図は明らかであった。

当時、ビデ倫の第三者委員会委員であった奥平康弘氏（東大名誉教授・憲法学）や内田剛弘弁護士、清水英夫弁護士らから「表現の自由」について話を聞くことができたが、「表現の自由を一番恐れているのは権力側であり、だからこそ映倫や放送倫などの第三者機関が重要なのだ」とのことであった。三人とも故人になられたが、表現の自由をめぐる権力の意向を具体的事例を通じて垣間見ることができたのは、私の財産である。

AV出演強要とコロナ禍

当時の取材のなかでは、AVのメーカーや撮影現場にも足を運び、AV女優のスカウトマンである男性にも話を聞くことができた。

「百発百中」と豪語する彼によれば、「自信がなさそうな背中の女性に声をかければ百発百中です」とのことであった。AV女優になる人がすべて虐待の被害者ではないが、「性的虐待を受けた女性は、背中を一目見ればわかる」と言う。

この「声かけ」の実態は、近年明らかになりつつある。二〇一八年八月七日付『朝日新聞』には、数年前までスカウト会社に所属していた男性へのインタビューが記載されている。給料は完全歩合制で、声をかけた女性がAV事務所に所属し、出演する度に報酬がもらえる仕組みがほとんどだという。男性は、「声をかける時は『AV』ではなく、『芸能事務所のスカウト』として勧誘。所属したスカウト会社が『ダミーの芸能事務所』を設けていた」とし、「事務所の名刺で女性を信用させ『女優になれる』『有名になれる』と夢を見させるだけ見させた」と語っている。

AV出演強要の問題が広く知られたのは二〇一六年春、国際人権NGOヒューマンライツ・ナウによる被害実態の報告書の発表がきっかけであった。

国会でも問題は取り上げられ、政府は二〇一七年三月、関係省庁の局長級の対策会議を設置。各都道府県警に専門の相談窓口もつくられたが、窓口への相談は100件に届かなかった。

販売されている被害者出演AVの流通を止める手段が乏しいなどの法的な課題もある。また、出演強要が絡む事件で適用されるのは、労働者派遣法と職業安定法が大半である。撮影する性的な行為が「有害業務」だとの論理立てだ。しかし、AVではプロダクションが所属俳優に契約書すら渡していないなど、被害者を「労働者」と立証するのが難しく、罪の成立を妨げているケースもある（同『朝日新聞』）。

その後、AV業界の要請を受けて、第三者機関「AV業界改革推進有識者委員会」（その後、「AV人権倫理機構」と改名）が設立された。出演強要を防ぐためにメーカーやプロダクションが守るべき新ルールを発表し、ルールを守って制作した作品を「適正AV」と定めた。また、騙されてAVに出演する女性を減らすための取り組みとして、プロダクションと女優が対等な立場で契約できる共通契約書が二〇一八年四月から義務づけられるようになり、不本意な出演を防ぐための意思確認書の制度化も行われている。

しかし、出演強要を防ぐためのルール実施後も強要はゼロではないという。二〇二〇年三月一二日、このAV人権倫理機構は東京都内で記者会見を開き、二年間で約一万作品の販売を停止したと発表があった（二〇二〇年三月一二日付『毎日新聞』）。

当時、コロナ禍で職を失った若い女性がAV業界の門を叩く例が後をたたないという話を耳にすることが多くなっていた。

そこで私は、二〇二一年七月のある日、私はAVメーカーの関係者に話を聞きに出かけた。以前の「AV産業」への取材から、実に二〇年が経っていた。

疑問をぶつけてみると、次のように返事があった。

「そうですね。飲食店関係なのかな、仕事を失った女性が飛び込んできますよ。まあ、どう見ても不適当な人には別の仕事を紹介しますが」

「百発百中」の話を思い出し、性虐待を受けた女性が多いかどうかも聞いてみた。

「半分はそういう女性ですね。他には、どうしてもセックスが好きな女性が少数かな。家族には知られないようにという女性が多い中で、セックスは素晴らしいものだからという、積極的な女性もいますよ」

私としては二〇年ぶりに見るAVメーカーの宣伝雑誌に載っている女優の写真は、やはり大きなオッパイに大きなお尻という印象があったが、「男性の好みって、変わらないですね」と言われてしまった。

AV作品は、その過激な演出から「セックス幻想」、「ファンタジー」であるとして、実際の性行為の参考にしないでほしいと出演者本人が講演等で呼びかける場面もある。

今回、AV作品について関心を持って追っている女性記者からも話を聞くことができた。彼女は、社会で実際に起きていることがAV作品に反映されることも多く、その共犯関係は確かにあるとして、「著書『BLACK BOX』(文藝春秋、二〇一七年)で、伊藤詩織さんが薬物を使用してのレイプ被害を書いた後、同じ手口を題材にしたAV作品が明らかに増えている」と話してくださった。

一方、自ら希望してAV女優として働く女性の場合も、問題は多い。河合幹雄氏（桐蔭横浜大学教授）が指摘するのは、出演料支払いの問題である。女優はプロダクションと契約し、プロダクションはメーカーに女優を売り込む。メーカーとプロダクションが契約し、女優はメーカーに出演承諾書を出すというのが、一般的な出演の流れである。

撮影費用はメーカー持ち。ギャラはメーカーからプロダクションに全額支払われ、その中から何割かが女優に「出演料」として支払われる。この仕組みのなかで起きる問題は、プロダクションによる女優の搾取である。前述のNGOヒューマンライツ・ナウに駆け込んだ被害者のなかにも、総ギャラの二パーセントしか手にしていない例があったそうである。

河合氏は、根本問題として、人身売買により性を売らされている問題が世界規模で注目されるなか、「報酬の搾取が酷いケースは人身売買に極めて近く重大な人権侵害に該当する」としている（二〇一八年一月二九日付「現代ビジネスオンライン」記事、「『AV強要問題』調査で分かった、女優のギャラ事情と『搾取の構造』」）。

前述のAV人権倫理機構にも出向いてみたところ、「初めてAVに、出演するあなたへ　知っておいてほしいこと」というパンフレットをもらった。

「口約束で話を進められてしまった」、「思っていたのと違っていたら、どうしよう」、「聞いていたギャラと話が違った」、「再編集された自分の作品って、ギャラが出るの？」、「ＡＶに関連した悩みがあるけど、誰に相談したらいいの？」など、様々な疑問に答える内容になっている。

しかし、問題は「ビデオの中」だけに収まらなくなってきている。

今回、ＡＶ作品の審査をしている一般社団法人日本コンテンツ審査センターにも話を聞くことができた。

同センターによると、国内のＡＶ作品の審査をしている四団体のうち、日本コンテンツ審査センターの審査数が一番多いのではないかとのこと。二〇二〇年度の審査タイトル数は「約一万二〇〇〇タイトル」、審査を依頼されているのは、「約二四〇社」、一タイトル一二〇分くらいの作品が多いとのことだった。

また、最近はＤＶＤ販売数が減少の傾向にあり、インターネットで動画を配信する形のアダルトビデオの視聴が増えていると教えていただいた。

二〇二〇年三月二八日付「文春オンライン」記事、「知られざる『個人撮影ＡＶ』ブームの実態〝古株〟制作者兼男優が打ち明けた」（https://bunshun.jp/articles/

-/36888　二〇二一年一〇月一四日最終アクセス）によれば、こうしたネット配信型のＡＶでは、「個撮（個人撮影）」と称されるジャンルが急速に存在感を増しているという。

　これは、従来の、主に法人組織によって制作されたＡＶとは異なり、一人、もしくは数人によって制作される動画で、ＤＶＤなどにパッケージ化するのではなく、ネット配信のみで稼ぐものだ。その実態はこれまでのＡＶ業界以上に見えにくく、出演トラブルなどに絡む逮捕事案も発生しているという。

　記事タイトルにもある「制作者兼男優」の男性は、主にツイッターで出演者を募っていると話している。「動画に出てくれるモデルを募集している」と書き込むと返事があるという。出演を希望する女性については、次のように語る。

「四〇代以上だと生活に困窮している方も多い。女性は二〇代、三〇代ならば風俗店で稼げますが、四〇代になるとそれも難しくなる。（略）生活保護を受けている女性が応募してくる場合もあります。（略）女性からはある種のセーフティーネット的に使われているとも感じます」

コロナ禍の影響で貧困が拡大するなか、女性をめぐる状況はますます厳しいものになっているようだ。

ここまで、戦争に向かっていく日本が作り出した貧困と暴力を生み出す社会構造が、現在まで続くことを確認してきた。

田中優子著『江戸の恋』（集英社新書、二〇〇二年）によれば、封建社会にあった江戸時代の浮世絵に現れる「性の表現」には、女性もセックスを楽しむ様子が描かれていて、「現代の方が性について貧しい」のではないかと書かれている。また、「極端な暴力やサドマゾやフェテイシズムは当時の文学にも存在しない」（八八頁）ともある。

貧困に陥っていく女性たちによる望まない「身売り」やそのなかでの搾取の在り方は、本書を通して描いてきた歴史の中の女性たちに重なる。そして、社会的な貧困救済の手が差し伸べられないなか、彼女たちはより危険な場所へと追い込まれようとしている。

おわりに

今回の執筆の発端は、なぜ福島県郡山市に、日本でただ一つの「ウサギの慰霊碑」が建立されたのか、という疑問であった。建立された一九三八年は、戦局が悪化する前であり、全国的な「毛皮の供出」などと時期が合わない。

調べを進めるなかで見えてきたのは、一九三〇年代の東北地方の凶作・飢饉と、その背景となった軍事国家化する日本と格差社会であった。

農村の貧窮を訴えて軍人以外からの参加もあった五・一五事件が起きた一九三二年は、軍事予算が国家予算の半分近くを占めていた。軍需景気で都会が華々しく賑わう一方、東北地方を中心に農民は窮乏し、「娘の身売り」が問題となった。

私が三歳だった一九四一年、子守のチヨさんが突然いなくなったのも、彼女の父親による「娘の身売り」だった。

地方の開業医だった私の父親にも妾宅があり、「お妾さん」といわれる女性がいたので、小学校高学年の頃、チヨさんが「妾に売られた」と聞いても驚かなかった。幼い頃、私は父親によく妾宅に連れて行かれていたので、「お妾さん」という女性がどんな女性なのかもおぼろげに理解していた。だから、「ああ、チヨさんもお妾さんになったのだ」と子どもながらに納得した。当時はそうしたことも、珍しいことではなかったのだ。

「チヨさん」は幸せな人生を歩んだのだろうかと、現在も時々思うことがある。

身売りされた娘たちのなかには、周旋屋にたらい回しにされながら、娼妓や芸妓として働いた者も多かった。戦時中にはアジア・太平洋諸国の女性たちを徴集する形で性的搾取があり、戦後には国策として占領軍慰安施設が設置された。

二〇二〇年度の日本の軍事費は五・三兆円、一九八八年以降最高額となった。二〇二一年度も、総予算のうち四・七パーセントを軍事費が占め、米国などからの武器輸入ローンは過去最高の二・七兆円となった（二〇二一年九月一日付『東京新聞』）。

防衛予算には、「思いやり予算」と呼ばれる「在日米軍駐留経費負担」としての一八四八億円も含まれることも忘れてはならない。また、それとは別に基地周辺対策費・施設の借料などの一八〇八億円を含む、約五八〇〇億円も我が国の負担となっている。なお、「思いやり予算」については、トランプ政権に続き、バイデン政権からも増額を求められている（東京新聞社会部　二〇一九）。驚くことに、米軍基地内に住む駐留家族の医療費も、この「思いやり予算」に含まれている。

また、日本の武器輸出をめぐる状況からも、戦争への足音がひたひたと聞こえてくる。三菱重工、川崎重工、東芝、富士通、ＮＥＣ、三菱電機等々……の企業が浮かぶだろうか（望月　二〇一六）。

二〇二一年五月一五日付『読売新聞』は、日本政府が防衛装備品の輸出を促進するため、政府系金融機関の国際協力銀行（ＪＢＩＣ）を活用して低利融資の枠組みを整えると報じた。

武器輸出については、原則としてすべての武器や関連技術の輸出を禁じていた「武器輸出三原則」に代わり、第二次安倍政権が、次のような一定の条件付きで武器輸出を可能とする「防衛装備移転三原則」を議決した。

①国連安全保障理事会の決議などに違反する国や紛争当事国には輸出しない。
②輸出を認める場合を限定し、厳格審査する。
③輸出は目的外の使用や第三国移転について適正管理が確保される場合に限る。

同『読売新聞』によると、装備品は数億円を超える高額なものが多く、「外国政府が購入に二の足を踏む要因」となっていることから、日本政府が低金利の融資を行うことを決めたという。

英国のシンクタンク国際戦略研究所（IISS）は、コロナ禍にあっても、世界の軍事費の合計が三・九パーセント増大したと発表している。

一部企業がそうした〝軍需景気〟に湧く一方、国内の格差が広がる様は、本書で確認してきた軍事化に向かう戦前の日本を彷彿とさせる。

この本の出発点は東北地方の凶作・飢饉においたが、二〇二一年現在はコロナウィルス感染拡大によるコロナ禍が人々を襲っている。女性が多くを占める非正規労働者の失業の増加と、拡大する子どもの貧困には、形を変えての「娘の身売り」と「欠食児童」の再来を感じる。

現在まで続く貧困と暴力を生み出す社会構造を振り返った本書が、格差と戦争をなくすために少しでも役に立つことができれば、幸いである。

長年の知人である福島みずほさん（社民党党首・参議院議員）に、本書の帯に推薦の言葉を寄せていただいたことに、厚く御礼申し上げます。

また、福島さんが長年の死刑廃止や女性や子どもなどの人権を守るための活動が評価されて、フランスから二〇二一年のシュバリエ賞を授与されたことに、心からお祝い申し上げます。おめでとう！

また、第三章の監修にご協力いただいた、よこはま第一法律事務所の吉田正穂弁護士にも、心より御礼申し上げます。

今回も、長年の友人で元官房副長官の斎藤勁さんをはじめ、中国での七三一部隊をはじめとする日本軍の加害責任について詳しい五井信治さん、資料集めにご協力いただいた近藤昌夫さんに大変お世話になりました。

また、この著が出版できたのも、花伝社の平田勝社長、編集者の大澤茉実さんのお力があってこそと、御礼申し上げる。

二〇二一年晩秋

いのうえせつこ

【参考文献】

アクティブ・ミュージアム「女たちの戦争と平和資料館」編『証言　未来への記憶：アジア「慰安婦」証言集Ⅱ』明石書店、二〇〇六年

石井光太『本当の貧困の話をしよう：未来を変える方程式』文藝春秋、二〇一九年

伊藤詩織『Ｂｌａｃｋ　Ｂｏｘ』文藝春秋、二〇一七年

岩手県『昭和九年岩手県凶作誌』、一九三七年

いのうえせつこ『占領軍慰安所：国家による売春施設』新評論、一九九五年

いのうえせつこ『買春する男たち』新評論、一九九六年

いのうえせつこ『女子挺身隊の記録』新評論、一九九八年

いのうえせつこ『ＡＶ産業：一兆円市場のメカニズム』新評論、二〇〇二年

いのうえせつこ『地震は貧困に襲いかかる：「阪神・淡路大震災」死者６４３７人の叫び』花伝社、二〇〇八年

いのうえせつこ『ウサギと化学兵器』花伝社、二〇二〇年

井上卓弥『満洲難民：北朝鮮・三八度線に阻まれた命』幻冬舎、二〇二〇年

井上哲次郎「学生の風紀問題に就て」『太陽』一六三～一七四頁、一九〇六年

犬養道子『花々と星々と』中央公論社、一九七四年

宇根豊『農本主義のすすめ』筑摩書房、二〇一六年

大阪府中等学校校外教護聯盟編『中等学生の思想に関する調査3』、一九三四年
大橋隆憲『日本の階級構成』岩波書店、一九七一年
小川俊樹『五・一五事件：海軍青年将校たちの「昭和維新」』中公新書、二〇二〇年
河西英通「昭和初期の『東北飢饉』をどうとらえるか」『超域的日本文化研究』二〇〜二九頁、二〇二〇年
河西秀哉「日本近現代における売買春のイメージと実態」『女性学評論』二八〜四六頁、二〇一四年
鏑木清一『秘録進駐軍慰安作戦：昭和のお吉たち』番町書房、一九七二年
神奈川県警察史編さん委員会編『神奈川県警察史（下巻）』神奈川県警察本部、一九七四年
加納実紀代『新装版：女たちの〈銃後〉』インパクト出版会、二〇二〇年
岸田秀『母親幻想』新書館、一九九八年
木下彰「経営組織より見たる東北農業の特殊性」『農業経済研究』一九三五年四月号
金一勉『軍隊慰安婦：戦争と人間の記録』徳間書店、一九九二年
玉真之介「1934年の東北大凶作と郷倉の復興：岩手県を対象地として」『農業史研究』二三〜三四頁、二〇一三年
邦光史郎・杉村明『売春の歴史：陰の日本史』廣済堂出版、一九八九年
倉橋正直『従軍慰安婦と公娼制度』共栄書房、二〇一〇年
胡澎『戦時体制下日本の女性団体』莊嚴（訳）、こぶし書房、二〇一八年
小林大治郎、村瀬明『国家売春命令物語：みんなは知らない』雄山閣、一九七一年
五島勉『黒い春：米軍・パンパン・女たちの戦後』倒語社、一九八五年

佐治恵美子「軍事援護と家庭婦人：初期愛国婦人会論」近代女性史研究会編『女たちの近代』柏書房、一九七八年
沢木和也、荒井禎雄『伝説のAV男優沢木和也の「終活」：癌で良かった』彩図社、二〇二一年
渋谷知美「検査される男性身体の歴史：1930年代の学校と軍隊でのM検を中心に」『インクルーシブ社会研究』一三五～一四五頁、二〇一七年
『週刊SPA!』二〇二一年七月一三日号、扶桑社
女性のためのアジア平和国民基金編『政府調査「従軍慰安婦」関係資料集成』龍渓書房、一九九七年
社会局職務課調査係「東北地方ニ於ケル郷倉ノ概況」『調査資料（15）』、一九三五年
下重清『〈身売り〉の日本史：人身売買から年季奉公へ』吉川弘文館、二〇一二年
清水美知子「愛国婦人会の〈女中〉をめぐる社会事業：両大戦間期を中心に」『研究紀要』九七～一一二頁、二〇〇一年
城田すず子『マリヤの賛歌』日本基督教団出版局、一九七一年
千田夏光『従軍慰安婦』双葉社、一九七三年
曽根一夫『元下級兵士が体験見聞した従軍慰安婦』白石書店、一九九三年
嶽本新奈『からゆきさん：海外〈出稼ぎ〉女性の近代』花伝社、二〇一五年
田中優子『江戸の恋』集英社新書、二〇〇二年
暉峻衆三「昭和恐慌期の農村対策」『関西大學經濟論集』一五一～二〇三頁、一九八一年
東海林次男『日本の戦争と動物たち〈2〉：戦争に利用された動物たち』汐文社、二〇一八年

東京新聞社会部『兵器を買わされる日本』文藝春秋、二〇一九年
東京の満蒙開拓団を知る会『東京満蒙開拓団』ゆまに書房、二〇一二年
ドウス昌代『敗者の贈物』講談社、一九九五年
長澤健一『漢口慰安所』図書出版社、一九八三年
中山太郎『売笑三千年史』筑摩書房、二〇一三年
浪花千栄子『水のように』朝日新聞社、二〇二〇年
西田秀子「アジア太平洋戦争下、犬猫の毛皮供出、献納運動の経緯と実態：史実と科学鑑定」『札幌市公文書館事業年報（第3号別冊）』二〇一六年
庭田杏珠、渡邉英徳『AIとカラー化した写真でよみがえる戦前・戦争』光文社、二〇二〇年
日本キリスト教婦人矯風会編『日本キリスト教矯風会百年史』ドメス出版、一九八六年
日本農業史学会『農業史研究（第47号）』日本農業史学会、二〇一五年
農林省経済更生部『東北地方例外対策指導会議要録』農林省経済更生部、一九三五年
早川紀代『近代天皇制国家とジェンダー：成立期のひとつのロジック』青木書店、一九九八年
飯田未希『非国民な女たち：戦時下のパーマとモンペ』中央公論新社、二〇二〇年
半藤一利『半藤一利の昭和史』文藝春秋、二〇二一年
半村良『昭和悪女伝』集英社、一九九七年
樋口耕太郎『沖縄から貧困がなくならない本当の理由』光文社、二〇二〇年
広田和子『証言記録従軍慰安婦・看護婦：戦場に生きた女の慟哭』新人物往来社、一九七五年

深草徹『「慰安婦」問題の解決：戦後補償への法的視座から』花伝社、二〇二一年
「撫順」から未来を語る実行委員会「平頂山事件：1932〜2015」二〇一五年
藤井忠俊『国防婦人会』岩波新書、一九八五年
保阪正康『五・一五事件：橘孝三郎と愛郷塾の軌跡』ちくま文庫、二〇〇九年
保阪正康『戦場体験者　沈黙の記録』筑摩書房、二〇一五年
マイケル・サンデル『実力も運のうち　能力主義は正義か?』鬼澤忍（訳）、早川書房、二〇二一年
毎日新聞社『昭和史全記録：1926-1989』毎日新聞社、一九八九年
三井光三郎『愛国婦人会史』愛国婦人会史発行所、一九一二年
水無田気流『シングルマザーの貧困』光文社、二〇一四年
村山富市・和田春樹編『慰安婦問題とアジア女性基金』青灯社、二〇一四年
望月衣塑子『武器輸出と日本企業』KADOKAWA、二〇一六年
山田清吉『武漢兵站：志那派遣軍慰安係長の手記』図書出版社、一九七八年
山田昌弘『新型格差社会』朝日新聞出版、二〇二一年
山下文夫『昭和東北大凶作：娘身売りと欠食児童』無名舎、二〇〇一年
山崎豊子『サンダカン八番娼館：底辺女性史序章』文藝春秋、一九七二年
山崎雅弘『1937年の日本人：なぜ日本は戦争への坂道を歩んでいったのか』朝日新聞出版、二〇一八年
山家悠平『遊郭のストライキ：女性たちの二十世紀・序説』共和国、二〇一五年
湯浅誠『貧困襲来』山吹書店、二〇〇七年

吉田久一『昭和社会事業史』ミネルヴァ書房、一九七一年
吉見義明『従軍慰安婦』岩波新書、一九九五年
吉見義明・林博史編『共同研究　日本軍慰安婦』大月書店、一九九五年
渡部昇一『本当のことがわかる昭和史』ＰＨＰ研究所、二〇一五年

いのうえせつこ
本名井上節子。1939 年岐阜県大垣市生まれ。横浜市在住。県立大垣北高校・京都府立大学卒。子ども、女性、平和などの市民運動を経て女性の視点で取材・執筆・講演活動。フリーライター。一般社団法人日本コンテンツ審査センター諮問委員。一般社団法人 AV 人権倫理機構監事。NPO 法人精舎こどもファンド代表。NPO 法人あんしんネット代表。
著書として、『新宗教の現在地：信仰と政治権力の接近』、『ウサギと化学兵器：日本の毒ガス兵器開発と戦後』、『地震は貧困に襲いかかる:「阪神・淡路大震災」死者 6437 人の叫び』（以上花伝社）、『女子挺身隊の記録』、『占領軍慰安所：敗戦秘史 国家による売春施設』、『子ども虐待：悲劇の連鎖を断つために』、『女性への暴力：妻や恋人への暴力は犯罪』、『高齢者虐待』、『多発する少女買春:子どもを買う男たち』、『AV 産業:一兆円市場のメカニズム』、『買春する男たち』、『新興宗教ブームと女性』（以上新評論）、『主婦を魅する新宗教』、『結婚が変わる』（以上谷沢書房）、『78 歳 ひとりから』（私家版）など。ほか共著多数。

[第三章監修] 吉田正穂（よしだ・まさほ）
1967 年愛知県名古屋市生まれ。1991 年東京大学法学部卒業、ソニー株式会社入社。2006 年弁護士登録（横浜弁護士会・現神奈川県弁護士会所属、よこはま第一法律事務所在籍）。2020 年度神奈川県弁護士会副会長。

チヨさんの「身売り」――歴史に隠された女性たちの物語

2021年12月10日　初版第 1 刷発行

著者 ――いのうえせつこ
発行者 ―平田　勝
発行 ――花伝社
発売 ――共栄書房
〒101-0065　東京都千代田区西神田2-5-11出版輸送ビル2F
電話　03-3263-3813
FAX　03-3239-8272
E-mail　info@kadensha.net
URL　http://www.kadensha.net
振替 ――00140-6-59661
装幀 ――黒瀬章夫（ナカグログラフ）
印刷・製本―中央精版印刷株式会社

ISBN978-4-7634-0988-1 C0036